Simple and Usable
단순한 디자인이 성공한다

탁월한 서비스와 제품을 만드는
85가지 단순함의 법칙

KOREAN language edition published by acorn publishing Co., Copyright © 2012

Authorized translation from the English language edition,
entitled SIMPLE AND USABLE WEB, MOBILE, AND INTERACTION DESIGN, 1st Edition, 9780321703545
by COLBORNE, GILES, published by Pearson Education, Inc, publishing as New Riders,
Copyright © 2011 Giles Colborne.

All rights reserved. No part of this book may be reproduced or transmitted in any form or by any means, electronic or mechanical, including photocopying, recording or by any information storage retrieval system, without permission from Pearson Education, Inc.

이 책은 Pearson Education, Inc.를 통해 New Riders와 에이콘출판(주)가 정식 계약하여 번역한 책이므로
이 책의 일부나 전체 내용을 무단으로 복사, 복제, 전재하는 것은 저작권법에 저촉됩니다.

Simple and Usable
단순한 디자인이 성공한다

탁월한 서비스와 제품을 만드는
85가지 단순함의 법칙

자일스 콜본 지음 | yuna 옮김

감사의 글

이 책을 쓰는 것은 결코 단순한 일이 아니었다. 이 아이러니는 끝까지 나를 따라다녔다. 이 책이 나오기까지 많은 사람의 길고 힘든 작업이 있었다.

먼저, 책을 쓰는 동안 견뎌주고 아이디어를 주고 생활 속에서 책을 쓸 수 있는 여유를 만들어준 나의 가족 페이, 리어, 비, 그리고 부모님께 감사한다.

피치핏의 편집팀은 환상이었다. 내내 사려깊은 충고와 기운 넘치는 격려를 해준 편집자 마가렛 앤더슨, 프로젝트 책임자 마이클 놀란과 편집장 낸시 데이비스, 그리고 날카로운 눈과 긍정적인 열정의 소유자 그레첸 다익스트라, 멋진 디자인을 해준 미미 헤프트, 제작을 위해 힘써준 베키 윈터와 대니얼 포스터, 그리고 홍보를 맡아준 글렌 비시나니에게 감사한다.

씨엑스파트너즈 cxpartners의 동료들, 특히 리차드 캐딕, 조 리치, 베러티 윗모어, 애나 톰슨, 대니얼 구드, 추이 탠, 월트 뷰컨, 닐 쉬바츠, 앤서니 메이스, 제스먼드 앨런, 피즈 야즈디, 제임스 로젠버그, 닉 레이즐은 아이디어를 꾸준히 구체화해주어 이 책을 쓰는 데 큰 도움을 주었다. 훌륭한 동료들이다.

혼자만의 영역을 벗어나 다른 저자들의 소중한 충고와 지지도 얻을 수 있었다. 스티브 크럭, 케블린 헤니, 양-메이 위, 제이슨 크랜포드 티그, 루이스 로젠펠트, 캐롤라인 재럿, 윗니 큐젠베리에게 감사한다.

인터뷰를 통해 영감을 준 모든 이들, 내오미 피어스, 옴니 그룹 Omni Group의 켄 케이스, 베어 본즈 소프트웨어 Bare Bones Software의 리치 시겔, 위르겐 쉬바이처, 키이스 랭, 바니 커비, 마리아나 캐벌캔티, 빌 샐런버그, 루이스 바비첵, 켄 켈로그, 프랜 대털로와 매리어트의 모든 이들, 앨런 콜빌, 데이빗 재비스, 피트 그린우드에게 고마움을 전한다.

여러 부분에 걸쳐 피드백과 아이디어를 준 사람들, 타일러 테이트, 보니 콜빌-하이드, 닷 핑크니, 존 탠, 도나 스펜서, 데이브 엘런더, 이언 펜, 매튜 킬러, 배스앤브리스톨 대학의 유저빌리티 그룹의 모든 이들, 브렌다 베질루스키, 그 외에도 기여하고 도와주고 영감을 준 많은 분께 감사드린다.

지은이 소개

자일스 콜본 Giles Colborne

사용자 중심 디자인 분야에서 20년간 일해왔다. 영국에 본사를 둔 사용자 경험 컨설팅 기업 씨엑스파트너즈(cxpartners)의 전무이사로, 보다폰, 매리어트, 노키아, 재규어 등의 글로벌 기업들을 위해 웹사이트와 모바일 기기를 좀더 사용하기 쉽게 만드는 일을 하고 있다.

옮긴이의 말

얼마 전 택시를 탔습니다. 택시 기사가 내비게이션 기기에서 자꾸 경고음이 나니까 교차로에 서서 대기하던 중 화면을 살피기 시작했습니다. '설정 > 안내 설정' 메뉴까지 찾아 들어갔는데 화면 위쪽에 있는 두개의 탭을 못보고 있는 것 같았습니다. 결국 택시 기사는 경고음을 끄지 못했고, 교차로에 파란 불이 들어와 차를 출발시킨 뒤에도 소리가 날 때마다 계속 화면을 흘끔거리며 신경을 쓰더군요. 뒷자리에 앉은 저는 택시에서 내릴 때까지 내내 불안했습니다.

이전에는 '디자인 좀 잘못한다고 누가 죽는 것도 아닌데'라고 말할 수 있었습니다. 하지만 이제 점점 더 많은 사람들이 휴대용 기기로 우리가 만드는 웹사이트나 애플리케이션을 사용하고 있습니다. 잘못된 디자인 때문에 사용자가 위험에 처할 수 있는 시대가 됐는데, 정작 만드는 사람들은 아직 이를 깨닫지 못한 경우가 많습니다.

에이콘에서 이 책의 번역 의사를 물어왔을 때 마침 업무용 소프트웨어의 모바일 앱 개발 프로젝트를 한창 진행중이었습니다. 모바일 앱은 웹사이트보다 단순명료해야 한다는 것은 누구나 공감하지만 얼마나 단순해야 하는지, 어떤 것을 취하고 어떤 것은 버려야 할지 결정하고 고객을 설득시키기란 쉬운 일이 아닙니다. 모든 부서에서 자신의 고객과 그들이 사용하는 기능이 가장 중요하다고 생각하는 것은 당연한 일이니까요. 게다가 어떤 상황에서 어떤 사용자가 어떤 기능을 원할지를 모두 예측할 수도 없는 일입니다.

그려내고 붙이는 것은 쉽지만 쳐내는 일은 쉽지 않습니다. 핵심을 파악하고 그에 맞는 결과물을 구현해가는 나름의 방법론을 가지고 있다고 생각하고 있었지만, 어떻게 하면 이 복잡한 것들을 '더 단순하게' 만들 수 있을지, 아니 그 전에, 그렇게 뼈를 깎아내는 것 같은 고민과 결정들이 왜 필요한지에 대해 어떻게 고객을 설득해야 할지 걱정이 되었습니다.

단순함에 대한 이야기들은 참 많습니다. 저도 책을 몇권 찾아서 읽어봤는데 사용자 경험을 디자인하는 저와 같은 사람들이 참고할 수 있는 구체적인 원칙이나 방법론은 드물었습니다. 자일스 콜본도 저와 같은 생각을 하고, 자신과 업계 사람들이 겪은 사례와 원칙을 정리하기 시작했습니다. 콜본은 단순함이 어떤 철학이나 개개인의 영감에서 비롯되는, 보통 사람들은 도달하기 어려운 정신 상태가 아닌, '학습이 가능한 지식 분야'라고 이야기하며, 단순함을 이뤄내기 위해 할 수 있는 구체적인 방법을 제시합니다.

무릎을 치게 했던 이야기는 역시 맨 마지막에 나오는데요. 래리 테슬러^{Larry Tesler}가 이야기한 '모든 애플리케이션에는 감소시킬 수 없는 양의 복잡성의 내재되어 있다'는 일명 '복잡성 보존의 법칙'에 관한 얘기입니다. 그에 관해 저자는 이렇게 말합니다.

> 단순한 사용자 경험을 디자인한다는 것은 "이것을 어떻게 단순하게 만들까?"가 아니라 "복잡함을 어디로 옮겨야 할까?"에 관한 문제일 수도 있다. 단순한 사용자 경험을 만들어내는 비결은 복잡성을 적절한 곳으로 옮겨서 매순간이 단순하게 느껴지게 하는 것이다.

이 책은 단순함의 탁월한 경지에 도달한 제품을 만들고자 하는 실무 기획자와 디자이너, 그리고 고객을 위한 책이며, 특히 모바일 웹/앱을 만들고 있다면 한 번쯤 읽어봐야 할 책입니다.

옮긴이 소개

yuna

이화여대에서 정보디자인을 전공한 후 디자이너로 일하며 『Computer Arts』의 고정 번역을 담당했다. 엑스피니티 코리아에서 국내 이통사와 포탈의 웹/모바일 서비스 기획과 전략 컨설팅을, 이후 프리랜서로 미디어와 커머스, 금융 분야의 서비스 기획과 UX 디자인 일을 해왔다. 번역서로 『검색 2.0: 발견의 진화』(2006), 『정보 트래핑』(2007), 『The Design of Sites 한국어판』(2011)이 있다.

www.digitaldance.co.kr

목차

감사의 글 4
지은이 소개 5
옮긴이의 말 6
옮긴이 소개 7

1장
우리는 왜 여기에 있나?

단순함에 관한 이야기 14
단순함의 힘 16
복잡성이 증가하면 지속가능성은 떨어진다 18
그런 단순함이 아니고 20
특징 22
가짜 단순함 24
자신을 알자 26

2장
비전 수립

핵심을 기술하는 두 가지 방법 30
사무실을 벗어나자 32
무엇을 살펴야 할까 34
세 가지 유형의 사용자 36
전문가 고객을 무시해야 하는 이유 38
주류를 위한 디자인 40
주류가 원하는 것 42
감성적 니즈 44
단순함은 제어에 관한 문제다 46

적절한 'what(행동)'의 선택 48
사용자 경험 기술하기 50
사용자 스토리 52
세계, 캐릭터, 플롯 54
극단의 사용성 56
쉽고 빠른 방법 58
깨달음 60
적절한 비전의 수립 62
공유하라 64

3장
단순함을 위한 네 가지 전략

단순화하기 68
리모콘 70
네 가지 전략 72

4장
제거

제거 76
이런 것은 피한다 78
핵심에 집중한다 80
불완전한 기능은 없앤다 82
사용자가 …… 하려고 한다면? 84
그래도 고객이 원한다면 86
과정이 아닌 해결책을 88
기능이 문제되지 않을 때 90

없애면 안 될까?	92
기능의 우선순위 매기기	94
부담	96
결정	98
산만함	100
똑똑한 디폴트 값	102
옵션과 환경설정	104
옵션 하나도 많은 경우	106
오류	108
시각적 산만함	110
단어 수 줄이기	112
단순한 문장 만들기	114
지나치게 없앤 경우	116
하면 된다	118
중점	120

5장
조직화

조직화	124
덩어리로 나누기	126
행동에 따른 조직화	128
명확히 구분되는 카테고리	130
알파벳과 포맷	132
검색	134
시간과 공간	136
그리드	138
크기와 위치	140
레이어	142
컬러 코딩	144
비공식 도로	146

6장
숨기기

- 숨기기 150
- 자주 쓰지 않지만 필요한 것들 152
- 커스터마이징 154
- 자동 커스터마이징 156
- 점진적 노출 Progressive disclosure 158
- 단계적 노출 Staged disclosure 160
- 처음부터 보여줘야만 하는 것은 아니다 162
- 암시와 단서 164
- 찾기 쉽게 하려면 166
- 숨긴 후에는 168

7장
이전

- 이전 172
- 기기 간의 이전 174
- 모바일 vs. 데스크탑 176
- 사용자에게 이전하기 178
- 사용자가 가장 잘 하는 것 180
- 개방형 사용자 경험 만들기 182
- 부엌칼과 피아노 184
- 구조화되지 않은 데이터 186
- 신뢰 188

8장
실전에 앞서

- 복잡성의 보존 192
- 세부 사항 194
- 단순함은 사용자의 머릿속에서 일어난다 196

- 사진 출처 198
- 찾아보기 200

1장

우리는 왜
여기에 있나?

단순함에 관한 이야기

내가 제일 처음 산 프린터는 꽤나 번거로운 물건이었다. 직접 부품을 조립해야 했을 뿐 아니라 케이블이 들어있지 않아서 시내까지 사러 나가야 했다. 돌아와서 하드웨어 설정을 확인하기 위해 컴퓨터 매뉴얼을 읽고, 프린터 덮개를 열고, 종이클립으로 설정에 따라 스위치를 맞추었다. 몇번의 시도 끝에 제대로 됐다. 그 후에는 드라이버 소프트웨어를 설치해야 했다. 실수와 욕설과 고된 작업으로 몇 시간을 보낸 후 모든 과정이 끝났다.

지난 몇 년간 우리가 새로운 기술을 접할 때마다 이런 일을 겪었다 해도 과언이 아니다. 휴대폰을 세팅하고, 랩탑을 PDP TV에 연결하고, 날씨를 알기 위해 링크가 113개나 있는 웹페이지를 세 페이지쯤 읽어야 한다. 우리의 삶을 좀더 쉽게 해줘야 할 기술이 앞을 가로막은 것처럼 느껴질 때가 종종 있다.

올해 집에서 쓸 프린터를 새로 샀다. 설치 과정은 다음과 같았다. 박스에서 프린터를 꺼내고, 세밀한 부품들을 고정시킨 오렌지색 테입을 떼어내고, 카트리지를 넣고, 스위치를 켠다. 이 시점에서 프린터는 우리집 와이파이 네트웍에 연결하겠다며 '패스워드를 알려주세요.' 라는 메시지를 띄웠다. 그게 끝이었다. 프린터와 컴퓨터가 제대로 연결되었다. 새 프린터를 설정하는 것이 새 라디오를 플러그에 꽂는 것처럼 간단했다.

이런 생각이 들지 않을 수 없었다. 항상 이렇게는 안 되나?

이런 의문을 가진 게 처음은 아니었다. 기술을 단순하게 만드는 게 지금까지 내가 해온 일이다. 문제는 단순함에 대한 조언들이 대부분 모호하다는 것이다. '과유불급^{less is more}' 정도가 전부다. 그래서 효과적인 전략과 실제 사례, 공유할 만한 얘기들을 찾아보려고 노력했다.

프린터 설치가 플러그를
꽂는 일보다 어려워야 하나?

단순함의 힘

2007년, 조너선 캐플란Jonathan Kaplan과 에리얼 브라운쉬타인Ariel Braunstein은 시중의 어떤 제품보다도 단순한 캠코더인 플립Flip을 내놓아 미국 캠코더 시장을 휩쓸었다.

당시 소니나 파나소닉 같은 기업은 캠코더에 헐리우드 스타일의 자막이나 비디오 효과를 낼 수 있는 고급 기능을 추가해 판매고를 올리려고 했다.

이에 반해 플립은 해상도도 낮고 광학 줌 같은 '기본적인' 기능도 없는 저급 제품이었다. 혜성처럼 등장한 플립은 1년만에 약 100만 대가 팔렸다. 미국 전체 시장 규모가 600만 대이던 시절이었다.

캐플란과 브라운쉬타인은 캠코더가 지나치게 복잡하고 쓰기 힘든 물건이 되어버렸다는 사실을 깨달았다. 대부분의 사람들은 집에서 장편 영화를 제작하려는 게 아니라 카메라를 꺼내 주변에서 일어나는 일들을 찍고 유튜브에 올리려는 것뿐인데 말이다.

플립은 이 일을 가능한 한 단순하게 만드는 데만 집중했다. 꼭 필요하지 않은 기능은 없앴다. 케이블을 잃어버리거나 빼먹는 일이 없도록 접이식flip-out USB 커넥터('플립'이라는 이름은 여기서 유래했다)만 남겼다. 버튼은 빨간색 큰 녹화 버튼까지 해서 아홉 개뿐이었다. 컴퓨터에 설치하는 CD나 소프트웨어도 없었다. 필요한 소프트웨어는 캠코더에 저장되어 있어서 플립을 맥이나 PC에 처음 연결할 때 다운로드할 수 있었다.

플립이나 폭스바겐 오리지널 비틀Beetle, 트위터Twitter 같이 단순한 제품들이 시장에 지대한 영향을 끼치는 경우가 종종 있다. 사용하기 쉬워서 대중적인 인기를 얻고, 믿을 수 있기 때문에 사람들이 애착을 가지며, 다양하게 응용할 수 있어 예상치 못한 방식으로 쓰이곤 한다.

웹이나 휴대폰, 저가형 컴퓨터 덕분에 기술의 이용 계층audience이 그 어느 때보다 넓어졌다. 단순하면서도 강력한 제품들을 출시할 기회가 점점 더 커지고 있는 것이다.

사람들은
단순하고, 믿을 수 있고,
융통성 있는 제품을
사랑한다

복잡성이 증가하면 지속가능성은 떨어진다

복잡한 제품들은 매혹적이다. 2006년 당시 기술 컬럼니스트 데이비드 포그^{David Pogue}는 이를 일컬어 'SUV의 법칙^{Sport Utility Principle}'이라고 했다. 즉 사람들은 불필요한 힘에 둘러싸이는 것을 좋아한다는 뜻이다.

엉터리 추론은 아니다. 당시 미국 자동차 산업은 크고, 무겁고, 비싸고, 기름 많이 먹고, 프리미엄 가격에 판매되는 자동차 생산과 판매에 기반을 두고 있었다. 자동차 회사들은 이내 부가 옵션 판매에 의지하게 되었다. 그리고 2008년 경제 공황이 닥쳤다. 갑자기 아무도 불필요한 힘을 원하지 않게 되었다. 자동차 회사들은 막다른 골목에 다다랐고, 정상으로 돌아가려면 수년의 세월과 수십억 달러의 돈이 들 것이라는 사실을 깨달았다.

소프트웨어에 계속해서 기능을 덧붙이면 이와 마찬가지로 지속가능성이 떨어지게 된다.

기능을 추가할 수록 어떤 사람에게 진정으로 가치있는 새로운 기능을 만들어낼 수 있는 기회는 줄어든다. 조만간 그 새로운 기능들은 아무것도 아닌 것이 된다. 복잡해진다는 것은 막대한 레거시 코드로 인해 제품의 유지보수 비용이 높아진다는 것이며, 시장의 변화에 반응하기 어려워진다는 것을 뜻한다.

한편 사용자들은 제품에 점점 불만을 갖게 된다. 복잡해졌다는 것은 그들에게 중요한 기능들을 쉽게 찾을 수 없다는 뜻이다. 결국 사용자들은 쓰지도 않는 기능에 돈을 지불한다는 사실에 분노하기 시작한다.

2008년 당시 거물 자동차 기업들의 경우처럼, 좀더 많은 것을 원하는 사용자들의 요구가 한순간에 독이 될 수 있다.

그런 단순함이 아니고

한번은 어떤 회사의 새 인트라넷 시스템을 검토하러 간 적이 있다. 영업사원들은 최근 개비된 이 시스템 때문에 일이 너무 복잡해졌다고 불평했다.

영업사원들은 가망 고객을 만날 때마다 수많은 입력란을 채워야 한다며 화면을 보여주었다. 나는 어째서 그런 관료주의적인 시스템을 만들었는지 의아했다.

그 후 인트라넷 설정을 담당한 관리자들과 얘기를 했다. 그들은 새 인트라넷이 얼마나 훌륭한지, 그들이 필요로 하는 보고서를 '자동으로' 만들어주기 때문에 자신들의 시간과 노력이 얼마나 절감되는지를 이야기했다.

알고 보니 그 보고서는 영업사원들이 기입해야하는 항목들과 정확히 일치하는 것이었다. 관리자들의 삶은 매우 단순해졌고, 대신 영업사원들의 삶이 복잡해진 것이다.

기술을 이용해 어떤 것을 만들 경우 최소한 세 가지의 관점이 존재한다. 관리자, 엔지니어, 사용자의 관점이다.

이 책은 사용자의 관점에 대한 책이다. 어떤 것을 사용하기 간편하다고 느끼게 만드는 일에 관한 이야기이다.

단순한 기술이나 단순한 경영에서 단순한 사용자 경험을 만들어내는 경우도 있겠지만 꼭 그렇지만은 않다. 구글은 인터넷상의 정보를 쉽게 찾을 수 있게 하기 위해 복잡한 기술과 수천 명의 인력을 동원하고 있다.

한 상황에서 어떤 한 사람에게 단순하게 느껴지는 것이 모든 상황의 모든 이에게 똑같이 단순하게 느껴지지 않을 수도 있다. F1을 모는 사람에게 미니Mini를 운전하게 한다고 해서 자신의 삶이 더 단순해졌다고 느끼지는 않을 것이다. 노련한 사용자를 위해 복잡한 시스템을 디자인하는 것도 재미있긴 하지만, 기술이 전문가의 손에서 벗어나 좀더 넓은 사용자층을 만날 때 더 재밌는 일이 일어난다.

이 책에서는 주류 사용자의 경험을 주로 다룬다.

자전거보다 단순하다,
타보기 전까지는

특징

단순하다는 것이 미니멀함을 뜻하지는 않는다. 불필요한 것을 모두 제외한 디자인이라도 고유의 특징과 개성을 가질 수 있다.

두 개의 단순한 의자, 쉐이커Shaker와 팬톤Panton을 보자. 각각 의자의 기본적인 구성 요소만 남은 상태다. 둘 다 디자인되었을 당시의 기술로 쉽게 제작할 수 있는 것들이다. 그리고 각각은 서로 다른 문제를 해결하고 있다. 쉐이커 의자는 오래 쓸 수 있고, 팬톤 의자는 여러 개를 겹쳐 쌓을 수 있다.

두 디자인 모두 단순하고 기본적이지만, 그 특징과 용도는 완전히 다르다.

사용한 소재, 핵심 요소의 강조, 요소간의 결합 방식 등은 최종 디자인에 극적인 영향을 준다. 사람들은 사소한 차이를 알아차리고 그것에 가치를 부여한다. 구글과 빙, 혹은 여러 온라인 뱅킹 간의 사소한 차이점에 주목하는 것도 같은 맥락이다.

> 단순함은 결핍이나 부족을 뜻하지 않는다. 장식이 없는 것, 혹은 전적으로 아무것도 없는 것을 뜻하지도 않는다. 단순함이란 장식이 본래의 디자인에 근원적으로 녹아들여야 하며, 그와 관계가 없는 것들은 모두 제거되어야 함을 의미한다.
>
> ─ 폴 자끄 그릴로Paul Jacques Grillo (형태, 기능, 디자인Form, Function and Design)

다른 말로 하면 미니멀하지 않고도 단순해질 수 있다는 것이다. 특징character과 개성personality은 사용하는 매체와 표현하려는 브랜드, 사용자에게 주어진 과업task에서 나와야 한다.

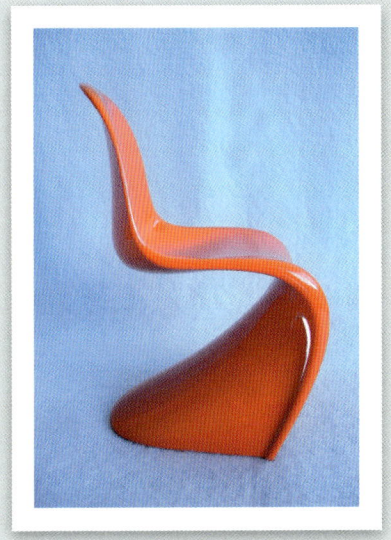 

양쪽 모두 단순하지만
각자만의 독특한 특징이 있다

가짜 단순함

단순함은 힘들이지 않고 얻어진 것처럼 보인다. 단순함에 도달하기가 얼마나 어려운지 알고 나면 의기소침해질 것이다. 분명 이 목표를 달성할 좀더 쉬운 방법이 있지 않을까?

가짜 단순함을 가져다주는 아이디어를 주장하는 사람들이 있다. 다이어트약이나 골프할 때 쓰는 레이저 사이트 (레이저를 이용해 화기의 조준에 도움을 주는 장비 - 옮긴이), '집에서 일하면서 부자 되기' 같은 광고와 같은 가짜 단순함은 결코 처음의 약속을 지키지 못한다. 결과적으로 더 복잡하고 효율성이 떨어진다.

하지만 놀랍게도 가짜 단순함이 일반적인 지혜로 받아들여지기도 한다. 빠르고, 상대적으로 저렴하고, 논쟁의 여지가 없는 기술들의 집대성이라고 할까.

덕분에 일이 어려워질 때마다 이런 아이디어들이 튀어나온다. 그리고 이 방법이 효과가 있다는 것을 모든 이들이 '알기' 때문에, 실패했을 때 누구도 비난받지 않는다. 그 대신 사람들은 아주 열심히 노력하지도, 아주 훌륭하지도 않으면서 가짜 단순함을 평계삼아 "노력하고 있다"고 말하곤 한다.

사용설명서는 "우리가 이걸 설명하려고 얼마나 노력하는지 보이나? 이해가 안간다면 그것은 당신 잘못이다"라고 말한다. 실패의 책임을 사용자에게 전가하는 그럴듯한 눈속임이다. 문제는 대부분의 사람들이 사용설명서를 읽으려 하지 않는다는 사실이다. 사람들은 쓰면서 알아가는 편을 선호한다.

사람들은 마법사 방식이 일을 여러 단계로 나눠 단순하게 만들어 준다고 믿는다. 문제는 사용자에게서 통제권을 빼앗는다는 점이다. 그 때문에 마법사 방식은 답답한 느낌이 든다. 간결한 마법사를 통해 사용자를 인도할 수는 있겠지만 길어질수록 느낌이 좋지 않다.

사용자의 니즈를 예측하는 마법의 캐릭터를 만들어 사용자에게 무엇을 할지 말해준다는 것 역시 가짜 단순함의 또 다른 사례다. 캐릭터에게서 사용법을 듣는 것이 친근하고 인간적으로 느껴진다는 이론인데, 컴퓨터가 사람의 니즈를 정확히 예측하거나 사람이 컴퓨터에게 짜증이 났는지를 알아차리는 것은 불가능하다. 무엇을 하라는 대화 상자가 뜨는 것과 만화 캐릭터가 나와 이래라저래라 얘기하는 것은 전혀 다른 얘기다.

이런 식의 임시방편을 써서 사용자 경험이 단순해지는 경우는 거의 없다.

단순함이란
사용자 인터페이스 위에
장식삼아 얹을 수 있는 것이 아니다

자신을 알자

조직에서 단순화에 대해 거부 반응을 보일 수도 있다.

몇 년 전 어떤 자동차 회사 관리자와 이야기를 나눈 적이 있다. 그는 제품 라인을 단순화하는 일을 맡고 있었는데, 그가 어떤 옵션을 없애려고 할 때마다 영업사원들로부터 불평을 들었다고 한다. 그 옵션이 어떤 고객에게는 꼭 필요하다는 것이었다. 그 고객이 회사의 전체 거래액에서 아주 작은 비율만 차지한다 해도 영업사원들은 '어쨌든 그들은 내겐 가장 중요한 고객'이라고 지적했다.

이런 분쟁들을 처리하려면 좀더 직급이 높은 누군가가 나서야 한다. 이런 경우 경영진에서 납득할 수 있는 말로 주장을 입증할 필요가 있다. 기업은 수입과 성장율로 성공을 측정한다. 그러므로 사용자 경험의 단순화 이전에 그 기업이 어떻게 돌아가고 있는지를 이해해야 한다. 다음은 어댑티브 패스 Adaptive Path 의 피터 머홀츠 Peter Merholz 가 쓰는 방법이다.

대부분의 기업은 다음과 같은 등식에 따라 움직인다.

(자동차 판매 대수) × (자동차 가격) - (간접 비용 cost of overhead) = (수익)

사용자 경험을 단순화하는 것이 각 요소들에 어떤 영향을 미칠지 알아야 한다. 제품을 단순하게 만들면 좀더 많은 자동차를 팔 수 있을까? (예를 들어, 고객들이 선호하기 때문에) 혹은 좀더 높은 가격에 팔 수 있나(더 세련되어 보이기 때문에)? 아니면 간접 비용이 적게 들까(부품 가격이 줄어들기 때문에)?

다음으로 이런 변경 사항들의 우선순위를 매겨야 한다. 좋은 방법은 각각의 실현 가능성 대비 중요도를 가늠해보는 것이다. 사람들에게 물어보면 모든 것이 중요하고 모두 다 가능하다고 할 것이다. 그 대신 사람들에게 제한된 점수(아니면 모노폴리 머니나 젤리사탕)를 나눠주고 중요도와 실현 가능성에 따라 배분하라고 해보자.

그래프의 오른쪽 위에 있는 변경 사항들은 개선 프로젝트에서 가장 우선순위가 높고 중점을 두어야 하는 것들이다. 이런 기준으로 진행된다는 것을 보여준다면 단순화의 주장을 납득시킬 수 있을 것이다.

다음 단계는 단순한 사용자 경험이란 무엇인가 하는 비전을 수립하는 일이다.

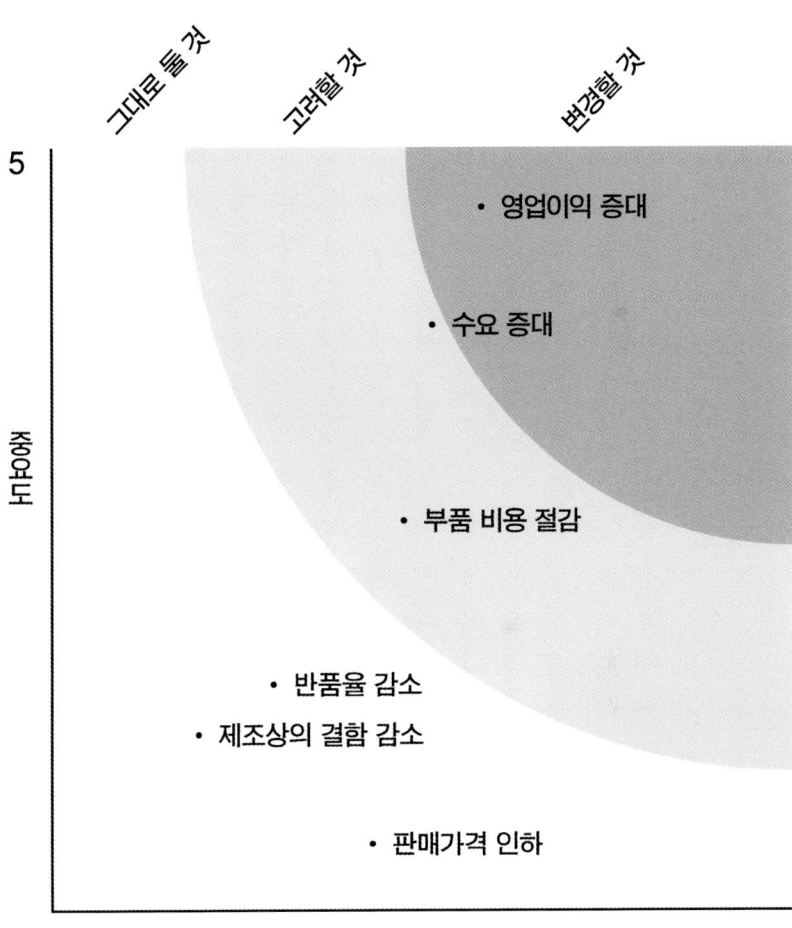

2장

비전 수립

핵심을 기술하는 두 가지 방법

웹사이트 전체를 기획하든 드롭다운 메뉴 하나를 만들든, 무엇이 단순한 경험인가에 관한 비전이 필요하다. 비전은 단순함을 유지하고 있는지 판단하는 수단이 된다.

나는 두 가지 방법을 쓴다.

먼저 '약식' 방법이 있는데, 지금 무엇을 만들고 있는지 가능한 한 단순한 용어를 써서 한줄로 적고, 지키고 싶은 몇 가지 지침을 함께 적는 것이다. 비교표를 디자인하다가 혼란에 빠졌을 때 한걸음 뒤로 물러나 "이게 도대체 무엇을 위한 것인가"하고 스스로에게 질문해본다. 그 한 줄의 문장이 단순한 디자인을 향한 척도가 된다. 이 방법은 대개 규모가 아주 작은 것들(대규모 웹사이트 중 하나의 페이지라든가)을 디자인할 때, 그리고 무엇을 디자인해야 하는지 어느 정도 알고 있을 때 좋다.

시간은 걸리지만 좀더 좋은 방법은 사용자가 어떤 경험을 하기 원하는지 써내려가는 것이다. 사용자를 둘러싼 세계와, 내 디자인이 어떻게 거기에 녹아들 것인지를 적는다. 문제를 좀더 세부적으로 고민할 수 있게 해주기 때문에 규모가 큰 것들(웹사이트나 모바일 기기 전체 등)을 디자인할 때 좋다.

이렇게 사용자 경험을 써내려가는 것은 디자인 문제에 대한 해답이 무엇인지 확실하지 않을 때도 도움이 된다. 목표와 제한 사항을 다 적었을 때쯤이면 효과가 적은 해결책은 배제하고 몇 가지 괜찮은 아이디어를 떠올릴 수 있다.

다른 사람의 동의를 이끌어내야 할 때 이 방법을 쓰면 좋다. 어떤 제약 사항을 고려했는지 이야기하고 내 해결책이 거기에 어떻게 들어맞는지 보여줄 수 있기 때문이다.

어떤 방법을 쓰든 사용자의 세계와 그들이 좋아하는 것, 그들의 행동을 이해하기 위한 기나긴 여정이 필요하므로 그 부분부터 설명해보겠다.

모든 디자인은 일정한 제약 사항들을 충족하는 해법이다. 가장 좋은 방법은 그런 제약 사항에 대한 이해에서 시작하는 것이다. 그래야 여러분의 디자인이 사람들의 삶의 공간 안에 녹아들 것이라고 확신할 수 있다.

먼저 사용자의 세계를 이해하고,
디자인이 어떻게 그 안에
녹아들 것인지 고민한다

사무실을 벗어나자

먼저 여러분이 만드는 소프트웨어가 실제로 사용될 곳을 찾아가보자. 대개의 디자인 리뷰는 조용한 회의실에서 모든 사람이 디자인 시안에 주의를 집중한 채 진행된다. 하지만 그런 조용한 환경에서 소프트웨어를 사용하는 일은 드물다. 단순한 사용자 경험이란 혼란스럽고 변화하는 환경에서도 문제 없이 쓸 수 있는 것이어야 한다.

몇 년 전 자동차 딜러들을 위한 판매제안서 작성 소프트웨어의 개편 작업을 맡은 적이 있다. 요구 사항은 딜러들이 한 화면에서 바로 제안서를 완성할 수 있도록 여러 부분을 하나로 통합해달라는 것이었다.

동료 중 한 사람이 판매 대리점 몇 군데를 방문해 매니저들의 요구사항에 대해 이야기를 나누었다. 처음 방문한 대리점에서는 매니저가 유리창을 사이에 두고 쇼룸과 마주한 사무실에 앉아있었다. 얘기하는 도중 매니저는 계속해서 쇼룸을 살폈고, 고객이 머뭇거리는 것 같으면 급히 달려나가 응대를 했다. 다른 대리점에서도 마찬가지였다. 매니저들은 고객의 요구에 끊임없이 주의를 빼앗기고 있었다.

여러 부분을 통합할 것이 아니라 오히려 작은 부분으로 나눠서 매니저가 짬짬이 일을 마칠 수 있게 해야 했다. 사용자의 일터를 방문하는 것은 필수다. 단순히 매니저가 책상 앞에 앉아있는 것만을 상상했다면 결정적인 면을 놓쳤을 것이다.

실세계에서 사람들을 관찰하는 것은 시간이 적게 들 뿐 아니라, 돈을 주고 사람을 고용할 필요도 거의 없다. 최소한의 준비만으로 꽤 많은 것을 알 수 있다. 관찰이 허용되지 않는 상황이라면 소프트웨어를 어디서 사용하는지, 그리고 사용할 때 어떤 일이 일어나는지 사용자 몇명과 얘기를 해보는 것도 좋다.

최근에 럭비 시즌 중 오픈한 홍보용 모바일 웹사이트를 리뷰해달라는 요청을 받았다. 사이트 소유주는 사용자가 몇 분 만에 사이트를 떠나버리는 이유를 알 수가 없었다. 사용자가 사이트를 떠나는 시점 exit point 은 어떤 사용성 문제와도 명확히 부합하지 않았다.

사용자 인터뷰를 통해 해답은 명백해졌다. 사람들은 시합 중간의 광고 시간에 사이트에 들어왔다가 시합이 재개되면 다시 티비로 돌아가는 것이었다. 사이트를 모두 돌아보는 데 너무 많은 시간이 걸리는 게 문제였다.

사람이 소프트웨어를 사용하는 환경을 제어할 수는 없다. 그에 맞는 디자인을 해야 한다.

사용자를 관찰하는
가장 좋은 장소는
그들이 평소에 사용하는 환경이다

무엇을 살펴야 할까

실제 관찰을 해보면 사람들의 경험이 여러가지 요인에 의해 영향을 받는다는 사실을 알 수 있다. 예를 들자면 다음과 같은 것에 대비해야 한다.

사무실

- 칸막이가 없는 사무실에서는 직원들이 빈번하게 서로의 주의를 흩뜨린다. 관찰해 보면 뭔가 흥미로운 이야기를 듣고 방해를 받거나 하던 일을 멈추는 경우가 얼마나 많은지 놀랄 것이다.
- 전화와 인스턴트 메시지, 이메일로 인해 사용자는 끊임없이 방해를 받는다.
- 사람들은 회의에 쓸 문서의 인쇄를 마지막 순간까지 미루곤 한다. 그러다가 당황스런 일이 생기면 일이 잘못되기 십상이다.

집

- 사람들은 티비를 보거나 라디오를 들으면서 컴퓨터를 사용하고, 그 둘 사이에 주의력과 시간이 어떻게 배분되는지는 예측할 수 없다.
- 가정에서의 인터넷 접속은 사무실에서 만큼 안정적이거나 빠르지 않다. 접속량이 가장 많은 저녁 시간에 특히 더하다.
- 아이들이 만화를 보는 동안 온라인으로 생필품을 주문하는 엄마들은 30여 분 동안 3만여 개의 품목 중 100개 정도를 선택해야 한다.

야외

- 분주한 길모퉁이에 서있다 보면 사람들이 교차로 쪽으로 이동하면서 휴대폰으로 방향을 확인하는 것을 볼 수 있다. 사용법을 익히느라 오랜 시간 골머리를 썩어야 한다면 치명적일 수도 있다.
- 휴대폰을 쓰면서 가방을 들고 있을 수도 있는데, 이 경우 조그만 버튼을 누르기가 더 어렵다.
- 야외에서는 밝은 햇빛 때문에 휴대폰 화면을 보기 힘들 수도 있다.
- 태블릿과 같이 큰 기기들은 무겁고 불편하게 느껴져 금방 내려놓고 싶어진다.

사용자 경험은 이렇게 산만한 와중에도 쓸 수 있을 만큼 단순해야 하고, 여러 방해물 사이의 빈틈에 적절히 녹아들어야 한다.

집에서, 직장에서, 야외에서,
끊임없이 사용자를 방해하는 것들을
염두에 두고 디자인해야 한다

세 가지 유형의 사용자

단순함에 관해 얘기할 때 사용자를 다음 세 가지 유형으로 나눌 수 있다.

전문가expert는 제품이나 서비스를 적극적으로 살펴보고, 할 수 있는 데까지 시험하려고 한다. 이들은 자신을 위해 맞춤화된, 일찍이 본 적 없는 기술을 원한다. 제품을 처음 쓰는 경우에도 전문가적 태도를 견지한다. 다시 말해 제품이 어떻게 돌아가는지 알아내고 새로운 기능을 살피느라 온 시간을 보내는 것이다. 휴대폰의 파일 시스템을 뒤져 모든 것을 바꾸려고 하는 사람들이 바로 이들이다. 알고 보면 이런 사람들의 수는 상대적으로 적다.

다음으로 내가 '**자발적 수용자**willing adopter'라고 부르는 사용자 그룹이 있다. 이들은 이미 비슷한 제품이나 서비스를 사용하고 있을 것이다. 좀더 고급 기능들을 사용하고 싶긴 한데 완전히 새로운 것을 갖고 놀기에는 편치 않은 사람들. 이들에게는 새로운 기능에 적응할 수 있는 손쉬운 방법을 마련해줄 필요가 있다. 예를 들어 이들은 좀더 고급형 휴대폰에 관심을 가질 수도 있지만, 이전에 쓰던 휴대폰의 주소록을 쉽게 옮길 수 있어야만 한다는 전제가 붙는다. 이런 사람들은 생각보다 많지 않으며 인내심도 아주 적다.

사람들의 절대 다수는 **주류**mainstreamer에 속한다. 이들은 기술 자체를 위해 기술을 사용하지 않는다. 뭔가를 하기 위해 기술을 이용할 뿐이다. 이들은 주요 기능 몇 가지만 배우고 결코 더 많은 것을 알려고 하지 않는다. "휴대폰으로 전화만 할 수 있으면 되지."라고 말하는 사람들이 바로 이들이다. 대부분의 사람이 이 그룹에 속한다.

사람들이 얼마쯤 시간이 지나 한 그룹에서 다른 그룹으로 옮겨갈 것이라고 생각할 수도 있다. 하지만 그런 일은 거의 일어나지 않는다. 사람들은 어떤 제품을 몇년간 사용하면서도 같은 그룹에 머물러 있곤 한다.

마이크로소프트의 엑셀Excel을 5년간 사용해온 사람들을 예로 들어보자. 도구 설정이나 옵션을 모두 살펴본 사람도 있을 것이고, 원하는 일을 하기 위해 몇 가지 전문 기능을 설정해놓고 쓰는 사람도 있을 것이며, 단지 숫자들의 합계를 내기 위해서만 사용하는 사람도 있을 것이다. 한 제품이나 서비스를 얼마나 오래 사용했느냐보다는 기술을 대하는 근본적인 태도가 중요하다.

앞서의 두 그룹을 위한 디자인을 하고 싶은 생각이 들 수도 있다. 이들을 만족시키기가 더 쉬우니까. 하지만 단순한 경험이라고 느껴지는 쪽은 아무래도 주류를 위한 디자인이다.

사용자의 절대 다수가 주류 사용자다. 전문가와 자발적 수용자는 소수다. 한 예로, 2009년 기준으로 SLR류의 복잡한 카메라들이 디지털 카메라 시장에서 차지하는 비율은 겨우 9퍼센트에 지나지 않는다. (출처: CIPA)

전문가 고객을 무시해야 하는 이유

대부분의 기업이 전문가 고객—제품이나 서비스를 사용하는 데 많은 시간을 보내는 사람들—의 의견을 듣는 데 지나치게 시간을 소비한다. 말이 잘 통하기 때문이다. 전문가 고객은 열성팬이며, 제공되는 기능을 개선할 수 있는 방법에 대해 의견도 많고 고집도 있다.

하지만 전문가 고객은 대표 고객이 아니며, 그들의 평가는 한쪽으로 치우쳐있는 경우가 많다. 이들은 주류 고객이 겪는 문제점을 경험하지 못한다. 게다가 이들은 주류 고객이 신경쓰지 않는 것들을 요구한다.

아이팟이 발표되었을 당시 (전문가와 열성팬들에 의해 운영되던 블로그인) 슬래쉬닷 Slashdot의 반응 중 하나를 보자. "라디오도 없다. 노매드 Nomad(크리에이티브 사의 mp3 플레이어 - 옮긴이)보다 저장 공간도 작다. 시시하다."

어떤 이는 이런 댓글을 달았다. "향후 아이팟이 그리 많이 팔릴 것 같지 않다." 또 다른 댓글은 "애플 '팬'으로서 할 수 있는 말은, 슬프다는 것뿐이다." 또다른 열성 팬블로그인 맥루머즈 MacRumors에 댓글을 단 이들 역시 좀더 많은 것을 원하고 있었다. "정말 믿을 수가 없다! 터무니 없는 걸 이렇게까지 과대포장하다니! 고작 MP3 플레이어 따위에 누가 관심이 있나?"

애플의 전문가 고객은 하늘을 나는 자동차를 원했다. 애플의 주류 고객은 제대로 작동하는 MP3 플레이어를 원했을 뿐이다. 이런 일들은 끊임없이 일어난다. 소수의 고객집단은 새로운 기능을 야단스럽고 집요하게 요구한다. 대표 고객 typical user에게는 지나치게 복잡한 기능들이다.

이해관계자(내부인, 즉 전문가)에게 (그들과 같은) 전문가인 고객의 말을 듣지 말라고 설득하기는 쉽지 않을 것이다. 결국 이들은 일인당 상당한 시간과 비용을 소비하는 최고의 고객이니까. 이들은 말이 아주 잘 통한다 — 스스로 찾아오고, 우리가 하는 일을 이해하고, 우리가 쓰는 용어로 이야기한다. 그리고 매우 합리적이다. — 최신 버전으로 업그레이드를 요청하면 망설이지 않고 업그레이드한다. 하지만 이들의 말을 우선적으로 듣게 되면 주류 고객이 쓰기에 지나치게 복잡한 제품이 되어버린다.

2010년 현재 애플은 2억 4,000만 대의 아이팟을 판매했고, 하늘을 나는 자동차는 없었다.

이해관계자들이 전문가 고객의 의견을 듣고 대중 시장을 겨냥한 제품을 생산하려고 한다면 애플의 이 얘기를 상기시켜주기 바란다. 가끔은 전문가 고객을 무시하는 것이 최선이다.

전문가 고객은
주류 고객을 질리게 하는 기능을
요구하곤 한다

주류를 위한 디자인

중립지대는 좀더 안전해 보인다. 요구가 많은 열성팬과는 달리 자발적 수용자들은 약간만 쉽게 만들어줘도 새로운 고급 기능을 기꺼이 사용하려고 한다.

'사용하기 쉬운 usable' 디자인은 대부분 이 그룹에 중점을 두는 경향이 있다. 이미 온라인으로 비행기 티켓을 예약한 사람을 여행 사이트의 사용자 테스트에 초청한다. 휴대폰 카메라를 이미 사용하고 있는 사람에게 카메라 폰 테스트를 요청한다.

이들을 관찰함으로써 많은 것을 알 수 있다. 여태까지 보아온 모든 사용자 테스트에서 웹사이트나 휴대폰을 개선할 수 있는 방법을 찾아낼 수 있었다. 하지만 이들에게 중점을 두는 것은 만드는 사람만 편하자는 것이다.

이 사용자들은 (사진을 찾으려고 휴대폰을 이리저리 찾아 헤매야 하는 등의) 익숙한 문제들을 참고 견딘다. 인내를 배웠기 때문이다. 하지만 자발적 수용자가 대표 고객은 아니다. 이들은 수도 적고 특별한, 주류 사용자보다 좀더 많은 능력과 인내심을 가진 그룹이다. 전문가보다 약간 덜 극단적일 뿐이다.

단순함을 원한다면, 혁신을 표방하고 싶다면 주류 고객을 목표로 삼아야 한다. 포드 Ford 사의 모델 T는 최초로 만들어진 자동차는 아니지만 대량 판매 시장을 염두에 두고 만들어진 최초의 자동차였다. 헨리 포드 Henry Ford 는 자동차 산업의 대변혁을 가져왔다. 전적으로 일반 대중을 목표로 삼았기 때문이다. 그의 비전의 중심에는 단순함이 있었다.

> 우리는 절대 다수를 위한 자동차를 제조할 것이다. 이 자동차는 …… 개인이 운행하고 관리할 수 있을 만큼 작을 것이다. 현대 공학이 고안해낼 수 있는 가장 단순한 디자인으로 …… 제조될 것이다. 하지만 가격은 매우 저렴해서 웬만한 월급을 받는 사람이라면 모두 살 수 있을 것이다.
>
> — 모델 T에 대해, 헨리 포드

포드의 혁신(제작 라인을 사용한 것이나 자동차 가격대, 쉽게 유지할 수 있는 엔진 디자인)은 모두 주류에게 적합한 단순한 제품을 만드는 데 중점을 두고자 한 포드의 갈망의 산물이었다.

단순하게 만들고 싶다면 다수를 위해 디자인하라.

전문가를 위한 디자인이 정비사를 위한 자동차를 만드는 것과 같다면, 중간층을 위한 디자인은 손수 엔진을 수리하는 사람들을 위한 자동차를 만드는 것에 비유할 수 있다. 주류 사용자가 대표 사용자다.

주류에 중점을 둠으로써
대중의 호응을 얻을 수 있다

주류가 원하는 것

비전을 수립할 때 전문가 사용자의 능력에 기대어 어려운 디자인 문제에서 손쉽게 벗어나려고 할 것이 아니라 주류를 중심에 두어야 한다.

- 주류는 당장 뭔가를 해내는 것에 관심이 있는 반면, 전문가는 자신만의 환경을 설정하는 것이 우선이다.
- 주류는 손쉬운 조작을 중요시하지만 전문가는 조작의 정밀도를 중요시한다.
- 주류는 신뢰할 만한 결과를 원하지만 전문가는 완벽한 결과를 원한다.
- 주류는 고장이 날까봐 두려워하지만 전문가는 어떻게 작동하는지 알기 위해 제품을 분해하고 싶어 한다.
- 주류는 훌륭한 결과물을 원하지만 전문가는 원하는 것에 정확히 들어맞는 결과물을 원한다.
- 주류는 사례와 스토리를 원하지만 전문가는 원칙을 원한다.

사용자에게 많은 것을 가르칠 수 있다거나 사용설명서가 도움이 될 거라고 생각하지 말 것. 주류는 스트레스를 받으면 배운 것을 잊어버리고 사용법을 무시하며 초보처럼 행동하곤 한다.

누구나 이런 경험이 있을 것이다. 데드라인이 다가오거나 주의가 산만해지면 중요한 파일을 지우거나 프린터에서 엉뚱한 문서가 튀어나오기 시작한다.

단순한 사용자 경험은 초보나 스트레스를 받는 주류 사용자 모두를 위한 것이어야 한다.

주류 사용자는
맨땅에서 시작하는 것을
원치 않는다

감성적 니즈

위르겐 쉬바이처 Jürgen Schweizer는 '할 일 목록 to-do list'을 관리하는 앱인 씽즈 Things의 개발자 중 한사람이다. 무엇을 만들어야 하는지 파악하는 일은 어쩌면 사소한 일일 수도 있다고 그는 지적했다. "간단히 말하자면 할 일 목록이란, 항목마다 체크박스가 있어서 어떤 것이 완료되었는지 알 수 있게 하는 목록일 뿐입니다."

하지만 사람들은 감성적인 니즈에 이끌린다. 할 일 목록처럼 간단한 것에서조차도 사람들은 그것을 써야만 하는 이유를 찾는다. 감성적인 목표를 이해하면 디자인에서 정말 중요한 게 뭔지 알 수 있다고 위르겐은 말한다.

> 사람들이 왜 우리가 만든 소프트웨어를 쓰는지 생각해보니 가지각색의 이유가 있더군요. 사람들은 여러가지 것들을 해내고 싶어 하고 그러면서도 그것들을 잘 제어하고 있다는 느낌을 받고 싶어 합니다. 수천 가지 항목들을 적을 수 있어야 하는 동시에 목록을 볼 때 부담스러운 느낌을 받지 않아야 하죠. 그래서 가장 중요한 것들 몇 개만 보여주면서도 필요할 때 바로 다른 메모나 기념일들을 찾을 수 있도록 꽤 공을 들였습니다.

할 일을 짧게 메모할 당시에는 나중에 찾아본다는 생각을 하지 않기 때문에 목록은 금방 중구난방이 되어버린다. 처음엔 단순하게 느껴지는 것들이 끝에 가서는 복잡하게 느껴질 수 있다. 하지만 위르겐은 앱을 열고 메모를 할 때 분류까지 하게 해서 사용자들을 성가시게 만들고 싶진 않았다.

이런 인식 때문에 씽즈의 팀원들은 할 일을 자연스럽고 편리하게 분류하고 필터링하는 방법을 찾는 데 시간을 들였다. 위르겐이 지적했듯이 매우 미묘하고도 복잡한 문제였다. "궁극적으로 사용자가 어떤 일을 기분좋게 미루도록 해주는 게 관건이었습니다. 사용자가 일을 뒤로 미루면서도 나중에 다시 찾을 수 있다고 확신할 수 있어야만 합니다." 이 문제를 풀어낸 것이 씽즈가 수백 개의 아이폰 작업관리자 앱들 사이에서 돋보여 인기 앱으로 등극할 수 있었던 요인이었다.

이렇게 좀더 깊고 감정적인 니즈에 대해 논의하는 데 들인 시간들로 인해 씽즈의 개발자들은 사람들이 이 소프트웨어를 필요로 하는 진짜 이유를 이해할 수 있었고, 숨어있는 중요한 니즈들에 집중할 수 있었다.

생산성 관련 앱은 단순한 메모장 이상이어야 한다. 사용자가 보기에 항목이 잘 정리되어 있고 편안하다고 느낄 수 있어야 한다. 이를 위해 씽즈는 사용자가 할일 목록을 단순하고 유연한 방식으로 분류할 수 있게 해준다.

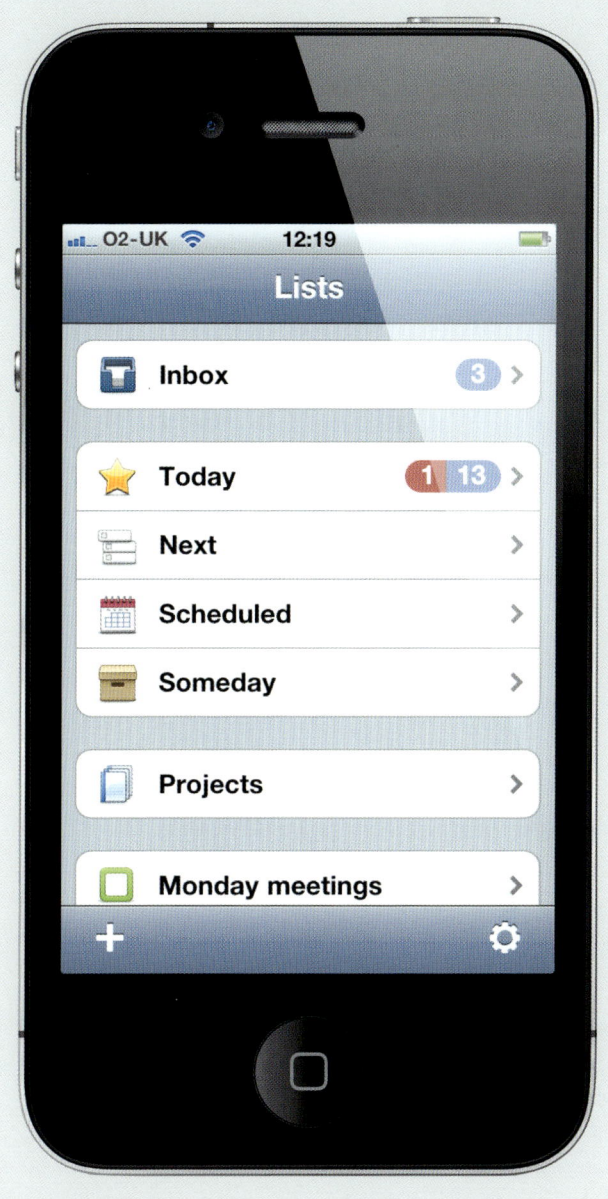

할 일 목록조차도
감성적 니즈를 충족해야만 한다

단순함은 제어에 관한 문제다

사용자의 감성적 니즈를 밝혀내는 것은 까다로운 일인데, 디자인 회의 석상에서 '느낌'에 관한 얘기를 하는 것을 불편해하는 사람들이 많기 때문에 일이 더 어렵다. 다행히, 단순한 디자인에서 가장 중요한 감성적 니즈는 사용자 스스로 제어하고 있다고 '느끼게' 하는 것이다.

첫째, 사용자는 자신이 사용 중인 기술을 제어하고 있다고 느끼고 싶어 한다.
전문가들은 기술을 제어하고 커스터마이즈하길 원한다. 여기서 우리는 '제어'에 대해 주류 사용자의 시각을 취할 필요가 있는데, 그것은 '결과물'을 제어하는 것이다. 주류 사용자는 소프트웨어나 기술에 대해 걱정하거나 그것들이 무엇을 하라고 시키는 것을 원하지 않는다. 주류는 손쉽고, 믿을 수 있고, 빠른 제어를 원한다.

이 제어한다는 느낌을 디자인이 방해해서는 안된다. 디자인은 이를 확장하는 것이어야 한다. 단순한 경험은 사용자가 스스로 좋은 선택을 하고 있다고 확신하게 해준다. 단순한 경험은 어떤 제품이 예측 가능한 방식으로 반응할 것이라고 사용자를 안심시켜준다.

둘째로, 사용자는 스스로의 삶을 제어하고 있다고 느끼고 싶어 한다.
제어한다는 것이 어떤 과업의 완수를 의미할 때도 있다. 옷을 구매하는 여자는 자신의 외모를 제어한다고 느끼고 싶어 한다. 제어한다는 것은 정보를 얻는 것일 수도 있다. 뉴스를 읽는 남자는 (제어하고 있다고 느끼기 위해) 그의 세계에 무슨 일이 일어나고 있는지를 이해하고 싶어 하는 것이다.

삶의 어떤 부분을 제어한다고 느끼고 싶어하는 니즈에서 시작해 "그래서?"라는 질문을 함으로써 좀더 깊이 들어가보자.

앞에서 살펴본 씽즈의 사례를 다시 보자. 사용자의 전반적인 니즈는 제어하고 싶다는 것이다. 그래서? 이들은 할 일을 관리하는 앱이므로 아주 많은 일들을 담을 수 있어야 한다. 그래서? 할일 목록에 너무 많은 것이 들어있으면 부담스러워진다. 그래서? 한 번에 관련있는 것들만 보이도록 제한할 수 있었으면 좋겠다. 그래서? 사용자들이 목록을 정리할 수 있는 손쉬운 방법을 마련해야 한다.

"그래서?"라는 질문을 반복함으로써 궁극적으로 감성적 니즈, 이성적 니즈, 그리고 해결 방안이 도출된다. 더불어 해결하려는 디자인 문제에 대한 좀더 깊은 이해에 도달할 수 있다(물론 실제 사용자들과 이야기하면서 이런 생각을 확인할 필요가 있다).

일단 사용자가 누구고 무엇이 그들을 움직이는지를 이해했다면 가장 중요한 몇 가지의 깨달음을 얻은 것이다.

단순함은
제어하고 있다고
느끼는 것이다

적절한 'what(행동)'의 선택

다음 질문은 "사용자가 무엇을 하고 있는가?"이다.

디자인에서 중요한 단계들을 무시하기 때문에 제품이 복잡해지는 경우가 종종 있다. 예를 들어 대부분의 비디오 카메라들은 동영상을 찍는 데만 집중한다. 하지만 사람들은 동영상을 찍은 후 빨리 다른 사람들과 공유하고 싶어 한다. 대부분의 비디오 카메라에서는 이 부분이 약간 까다롭다.

플립 캠코더가 편리하게 느껴지는 이유들 중 하나는 이 두 가지를 동시에 잘 해냈기 때문이다.

이후 해야 할 일은 사용 경험의 처음부터 끝까지 사용자가 무엇을 하는지를 묘사하는 것인데, 이때 여러분이 디자인하고 있는 제품이 아니라 사용자의 행동에 중점을 두어야 한다는 사실을 잊지 말아야 한다. 이 단계에서 제품을 지나치게 상세히 묘사하면 스스로 막다른 구석에 몰릴 수도 있다. 큰 그림을 완성할 수 있을 정도로만 한다. 우선 "동영상을 찍어 공유한다"로 시작해 사용자가 거쳐야 하는 각 단계의 목록을 만들어 나갈 수 있는데, 이때 디테일의 수준을 일관되게 유지해야 한다.

사용자가 경험하는 각 단계를 살펴보는 것이 핵심이다.

일어나는 일들을 사용자의 언어로 묘사해야 한다. 그렇지 않으면 핵심에서 벗어날 위험이 있다. 페이스북Facebook을 쓰는 사람들은 '소셜 네트워킹'을 하는 것이 아니라 친구들과 사진이나 새로운 소식을 나누는 것이다. 사용자가 보는 그대로를 묘사하는 데서 멀어진다면 결국은 사용자에 대한 얘기가 아니라 데이터베이스나 휴대폰에 대한 얘기가 되어버릴 것이다.

주된 행동에 초점을 두고 사용자가 보는 그대로를 묘사하라.

중요한 단계들을
놓치지 말 것

사용자 경험 기술하기

문제가 무엇인지 조사했다면 그것을 비전으로 바꾸어야 한다. 스토리를 만드는 것은 비전을 묘사하는 아주 좋은 방법이다. 요구사항requirement 목록과 달리 스토리는 독자로 하여금 무엇이 중요하고 왜 중요한지 이해할 수 있게 해준다.

스토리를 사용한다는 것이 실무적이거나 전문적이지 않아 보일까봐 걱정되는가? 그렇지 않다. 관리자들은 항상 스토리를 이용하며(사명mission statement 같은 것도 모두 스토리의 일종이다), 기술팀도 마찬가지다(플로우차트나 유스케이스). UX팀에서도 오랫동안 스토리를 써왔다.

몇 개의 문장 안에 핵심 경험이 모두 집약된 스토리를 만들어야 한다. 플립 같은 비디오 카메라의 경우 다음과 같을 것이다.

> 도심을 걷고 있는데 소란스런 소리가 들린다. 패리스 힐튼Paris Hilton이 당신을 향해 걸어오고 있다. 주머니에서 플립 카메라를 꺼내 다른 사람에게 건네주고 당신과 패리스 힐튼이 같이 나오게 찍어달라고 한다. 그리고 가까운 친구 집으로 달려가 친구 컴퓨터로 이 동영상을 인터넷에 올린다. 아무런 설명서도 없이.

비디오 카메라를 만든다면, 이 스토리를 통해 다음과 같은 중요한 점을 알 수 있다.

- 이 카메라는 어디든 가지고 다닐 수 있는 소형 카메라다. 특별한 곳에 갈 때 소지하는 커다란 캠코더가 아니라 외출할 때마다 가지고 나가는 물건이다.
- 구동 시간이 빠르고(패리스 힐튼은 기다려주지 않는다) 처음 보는 사람도 바로 쓸 수 있을 만큼 단순하다.
- 별도의 소프트웨어나 케이블이 없어도 동영상을 업로드할 수 있다.
- 마지막으로, 동영상을 촬영하는 목적은 공유하기 위해서다.

스토리는 몇 개의 단어 안에 많은 정보를 집약할 수 있다. 스토리는 효율적이다. 게다가 기억하기 쉽고 다른 사람에게 전달하기도 쉽다. 디자인적인 결정을 내려야 할 때 스토리를 떠올릴 가능성이 높다는 뜻이다. 사실 사람들은 스토리를 굉장히 좋아해서, 스토리를 만들어주지 않으면 스스로 스토리를 만들어내며("내가 이 카메라를 사용한다면 난……"), 이런 스토리로 인해 비전이 이리저리 휘둘릴 수도 있다. 여러분이 만든 스토리가 쓰이게 해야 한다.

시간을 들여 스토리의 디테일을 제대로 만들자. 단순한 디자인을 지향한다면 디테일은 특히 더 중요하다.

길거리에 서 있을 때
······한다고 상상해보자

사용자 스토리

스토리의 형태에 지나치게 신경 쓸 필요는 없다. 중요한 것은 제약 사항을 명시하는 것이다.

스토리는 최소한으로 유지해야 한다. 일어나는 일들을 세세히 묘사하는 것이 아니라 각각의 목표를 묘사하고 그것을 달성할 수 있는 핵심 기능을 밝힌다. 여기엔 세가지 이유가 있다. 첫째, 짧은 스토리는 이해와 전달이 더 쉽기 때문에 사람들이 더 많이 이용할 수 있다. 둘째, 다른 상황에 대입하기 쉽다(아이들 생일 파티에서 부모에게 플립 카메라를 빌려주는 등). 마지막으로, 스토리에 세부 사항을 추가하는 것은 카메라를 줌인하는 것과 같아서, 사람들이 뭔가 중요한 것이 있구나 생각하고 주의를 기울이게 된다. 필요없는 세부 사항을 넣으면 사람들이 뭔가 이상하다고 생각하는 것으로 끝날 수도 있지만, 최악의 경우 사람들은 왜 이런 세부 사항이 중요한지 스스로 이유를 만들어내게 된다. 그러니 중요하거나 스토리를 설명하는 데 도움이 되는 세부 사항만 넣자.

설명보다는 직접 보여줄 것. 우리는 사람들의 말보다 행동을 믿는 데 익숙하다. 사용자의 행위에 대한 묘사는 그들의 성격에 대해 주장하는 것보다 강한 인상을 남긴다. 주인공이 디테일에 집착한다고 말할 것이 아니라 작업물과 메모를 대조한다는 것을 보여주자. 보여줌으로써 더 실제적인 느낌을 줄 수 있다.

꾸며내지 말 것. 스토리는 설득력이 있어야 하며, 그러려면 실제 사람과 사건에 기반해야 한다. 플립 카메라와 패리스 힐튼 스토리는 내 친구에게 실제로 일어났던 일에 기반한 것이다. 여러 사건들에서 이런저런 요소를 결합해 하나의 스토리를 만들 수 있는데, 이렇게 만들어진 스토리는 실제로 일어난 일이 아니라도 현실성을 가진다. 하지만 실제 사건들에 근거하지 않았다면 스토리를 입증할 수 없고 부자연스럽게 느껴질 것이다. 위에서 말한 것처럼 적절한 디테일을 이용해 스토리를 사실적이고 믿을만한 것으로 만들자.

연습해보고, 크게 소리내어 말해보고, 다른 사람에게 얘기하면서 스토리를 가다듬자. 이렇게 함으로써 스토리의 결점을 발견하고 고칠 수 있으며, 꼭 필요한 것으로 응축할 수 있다. 곧, 몇 문장만으로 비전을 설명해주는 스토리가 완성될 것이다.

훌륭한 사용자 스토리는 짧고, 사실적이고, 설득력 있으며, 세부 사항이 적절히 들어 있다.

> "글을 쓴다는 것은 어려운 작업이다. 명확한 문장은 그냥 나오는 것이 아니다. 처음부터, 심지어 세번째에도 제대로 된 문장이 나오는 경우는 드물다. 절망의 순간에 이것을 기억하라. 글을 쓰는 것이 힘든 이유는 그것이 원래 힘든 일이기 때문이다."
> —윌리엄 진저 William Zinsser, 『글쓰기 생각쓰기』(돌베개, 2007년) 중에서

이제 스토리를 말해보자

세계, 캐릭터, 플롯

이렇게 만들어낸 비전을 되돌아보면 세 단계가 보일 것이다.

- 현실감 있는 세계^{world} (스토리의 '어디서'와 '언제')
- 설득력 있는 캐릭터^{character} ('누가'와 '왜')
- 일관된 플롯^{plot} ('무엇을'과 '어떻게')

어떤 디자인이 복잡하게 느껴지는 이유는 대개 실세계에서의 압박감을 고려하지 않았거나, 사용자가 어떤 상황에도 대처할 수 있다고 가정했거나, 혹은 중요한 단계들을 놓쳤기 때문이다. 완전한 스토리 안에서 적절하게 어우러지는 디자인을 해야한다.

픽사의 무빙 픽처스 그룹 대표인 마이클 존슨은 픽사에서 영화를 만들 때 이런 접근법을 사용한다고 설명한다. 영화는 먼저 세계(사람들이 없을 때면 장난감들이 살아나는)에서 시작해, 캐릭터와 모티브(새로 온 우주인 장난감을 질투하는 카우보이)를 추가하고, 마지막으로 플롯(이들이 서로 싸우다 장난감 킬러의 손에 잡히고 탈출하기 위해 서로 돕는다)을 묘사하는, 그러니까 밖에서 안으로 들어가는 방식으로 만들어진다.

플롯에서 문제에 부딪히면 캐릭터로 되돌아가 이들이 어떤 행동을 할 것인지 고민한다. 캐릭터에서 문제에 부딪히면 이들이 어떻게 형성되었는지 세계를 살펴본다.

플립 카메라의 사용자 경험 스토리에서도 마찬가지다. 동영상을 찍는 사람이 어떤 행동을 할지 알고 싶다면 그들이 누구고(이전에 그 카메라를 한 번도 써본 적이 없는 사람) 어떤 세계에 있는지(질문을 할 틈이 없는 혼잡한 길 위) 살펴보아야 하며, 그리고 나면 그들이 당황한 채 눌러야 할 버튼 하나만을 찾고 있다는 사실을 알게 될 것이다.

여러분의 디자인을 현실감 있는 세계 안의 설득력 있는 캐릭터가 이끄는 플롯 안에 놓아보라. 건축가 엘리얼 사리넨$^{Eliel\ Saarinen}$의 말처럼 "항상 그것보다 더 큰 컨텍스트에 있게 될 때를 고려해 디자인하라. 어떤 방에 놓인 의자, 어떤 집의 방, 어떤 환경 안의 집, 어떤 도시 계획 안의 환경"

세계

캐릭터

플롯

여기를 누르세요

극단의 사용성

단순한 경험에 대한 스토리를 살펴보면 무엇이 단순한 경험을 두드러지게 하는지 확연해진다. 바로 극단적인 상황에서도 문제없이 쓸 수 있다는 사실이다.

단순해지기 위해서는 대부분 사용성 목표보다 더 힘든 것을 목표로 해야 한다.

사용성의 목표는 ……	단순함의 목표는 ……
특정한 집단의 사람들이 사용할 수 있다	누구나 사용할 수 있다
사용하기 쉽다	아무 노력 없이 쓸 수 있다
빨리 반응한다	즉시 반응한다
빨리 이해할 수 있다	얼핏 보고도 이해할 수 있다
안정적으로 작동한다	항상 작동한다
알기 쉬운 오류 메시지	오류가 없다
완전한 정보	적당한 정보
사용자 테스트에서 문제없이 쓸 수 있다	혼잡한 환경에서 문제없이 쓸 수 있다

'즉시'나 '아무 노력 없이'와 같은 목표들은 실제로 도달하기 힘든 것들이기 때문에 부담스럽기 마련이다. 하지만 맞출 수 없는 과녁을 조준하는 데는 중대한 이점이 있다. 지속적으로 올바른 방향을 보게 된다는 것이다.

'즉각 반응한다' 대신 '빨리 반응한다'라는 목표를 설정한다고 하자. 반응 시간을 딱 1초 지연시키는 변경 사항을 합리화하기가 쉬워질 것이다. 그래도 제품은 여전히 '빠르니까'.

이런 변경 사항들이 생길 때마다 점점 디자인의 단순성은 떨어지고, 더 느리고 짜증 나게 변해갈 것이다. 기획 회의에서는 항상 이런 타협이 이뤄지고, 우리가 사랑하던 제품은 점점 쳐다보기도 싫은 괴물로 변해간다.

'즉시'를 목표로 삼는다면 조금이라도 더 빠른 사용자 경험을 만들 방법을 찾게 될 것이다.

단순하게 시작한 제품들이 나중엔 너무 복잡해져서 유용함을 잃는 것을 종종 볼 수 있다. 극단적인 목표를 설정한다면 시간이 지날수록 제품은 더 나아질 것이다(최소한 진짜 중요한 목표들을 달성할 수는 있을 것이다).

극단적인 목표를 지향하게 되면, 목표를 꼭 이룰 수 없다 해도 제품을 단순하게 유지하는 데 도움이 된다.

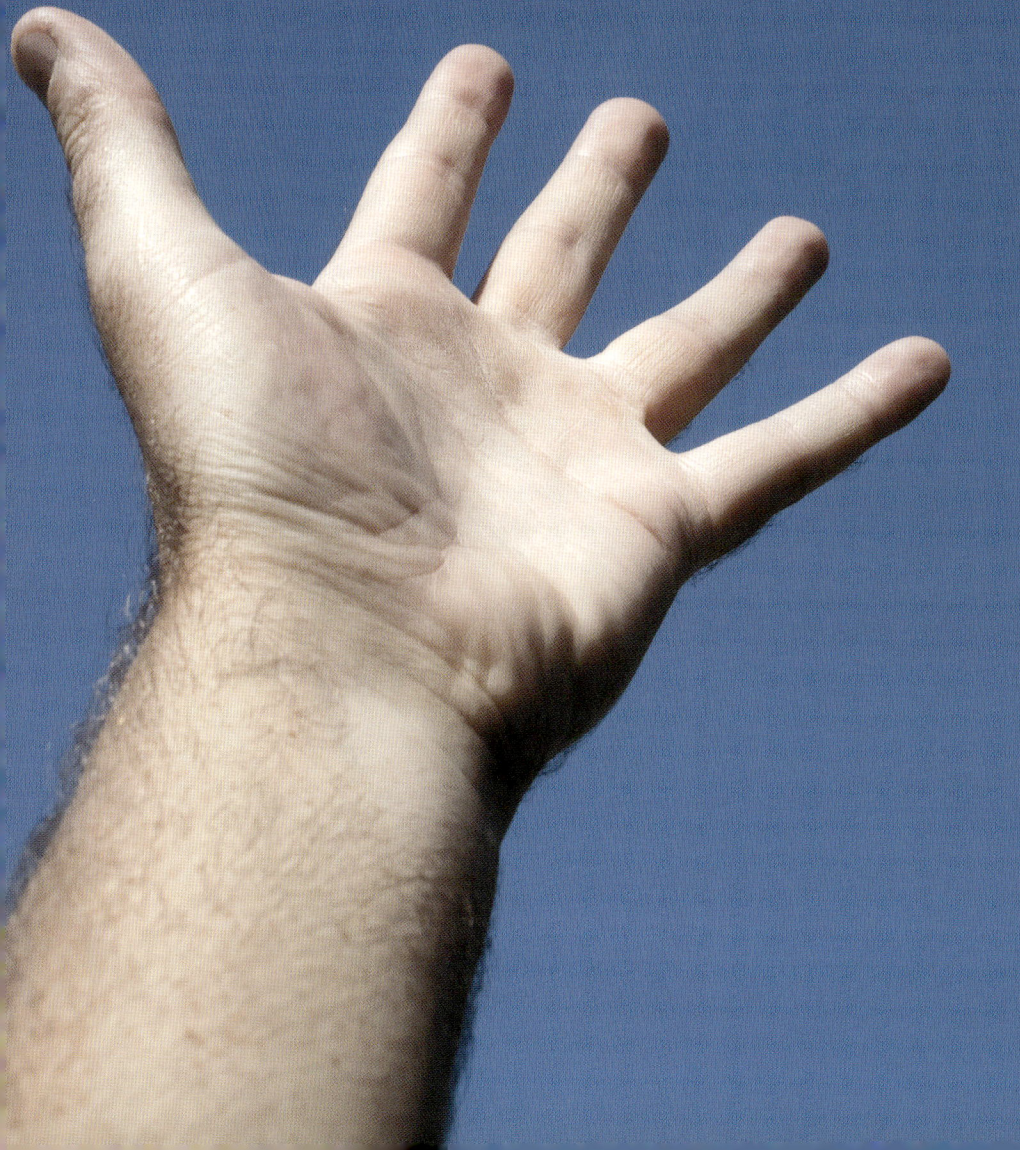

단순한 경험을
디자인한다는 것은
극단적인 목표를 지향한다는
뜻이다

쉽고 빠른 방법

비전을 잡는 '손쉬운' 방법은 소소한 개선 작업이나 규모가 작은 것, 예를 들어 웹페이지 하나를 작업할 때 효과가 있다.

처음에는 내가 디자인하는 것이 무엇인지 쉬운 말로 얘기해본다. 누군가에게 큰 소리로 말한다. 이런 식으로 하면 더 잘된다. 뭔가 이상하게 들리거나 듣는 사람이 이해하지 못한다면 말을 풀어서 다시 하라. 가능하면 아무것도 모르는 사람에게 이야기한다. 들어줄 사람이 없다면 글로 써본다. 하지만 남에게 설명하는 것이 가장 좋다. 사람들의 반응을 보면서 제대로 하고 있는지 알 수 있기 때문이다.

내 목표는 간결하고, 명확하며, 완벽한 문장을 만들어내는 것이다.

나는 짧은 한 문장을 넘기지 않으려고 노력한다. 세부 사항으로 빠져들거나 듣는 이를 지루하게 하지 않고 주요 행위의 요점을 설명할 수 있다면 간결하다고 봐도 좋다.

듣는 사람이 바로 이해한다면 아마도 명확한 묘사라고 할 수 있을 것이다.

나는 모든 기능을 나열하려고 하지는 않는다. 세부 사항과 동일한 수준으로 주요 기능을 설명하려 할 뿐이다. 중요한 세부 사항들을 빠뜨리지 않고 요점을 설명할 수 있다면 완벽해졌다고 봐도 좋다.

플립 카메라를 묘사하는 말은 '동영상을 찍어 공유하기'이다. 신문사 홈페이지라면 '지금 이 순간의 가장 중요한 사건 요약'이 될 것이다. 아이폰처럼 복잡한 기기 역시 핵심 구성요소들을 들어 묘사할 수 있다. 스티브 잡스는 아이폰을 "와이드스크린 아이팟이며……, 혁신적인 휴대폰이자, 획기적인 인터넷 커뮤니케이션 기기"라고 소개했다.

이렇게 하고 난 후에는, 가능한 한 단순하게 만드는 데 집중할 수 있도록 이 행위들에 얼마간의 제한을 덧붙인다. 플립의 경우라면 "바로 동영상을 찍어 힘들이지 않고 공유한다."가 될 것이다.

보통은 제대로 되기까지 몇 번의 반복을 거쳐야 하지만, 중요한 것에 집중하게 해주기 때문에 항상 그만한 가치가 있다.

가능한 한 단순한 용어로
원하는 것을 묘사한다

깨달음

스토리를 연구하면서 얻은 것들을 통해 문제를 깊이 이해하게 되는 순간 마법이 일어난다.

알고 보면 요령은 단순하다. 마법처럼 보이는 것 뿐이지 사실은 충분한 시간과 연습을 거친 후 저절로 나오는 것이다.

- 먼저 사용자에 관해 지금까지 수집한 사실들, 그들이 당면한 문제와 그들이 살고 있는 세계를 돌아본다. 사용자의 행동에 영향을 미치는 순서대로 나열한다. 이전에 들었던 자동차 딜러 사례에서는 고객이 방문할 때마다 하던 일을 멈추는 것이 마케팅 기획서를 작성하는 데 막대한 영향을 끼친다.

- 다음으로, 작성한 스토리에서 개선할 수 있는 지점들을 찾는다. 자동차 딜러의 사례에서 고객의 방문으로 인해 작업이 중단되는 것을 막을 수는 없지만 과업을 좀 더 짧게 만들고 체크리스트를 제공함으로써 사용자가 이전에 중단했던 곳을 쉽게 찾아가게 할 수 있다.

- 이제 그 지점의 우선순위를 정하자. 어떤 지점이 가장 큰 영향을 줄 수 있을까? 쉽게 바꿀 수 있는 것은 무엇인가? 자동차 딜러의 경우 과업을 짧게 끊어주는 것이 마케팅 기획서의 완성에 가장 큰 영향을 줄 수 있으므로 이것이 최고 우선순위가 된다.

- 마지막으로 이 깨달음을 테스트한다. 이것이 틀렸다면 어떻게 될까? 이것에 영향을 줄 만한 변화가 일어날 가능성이 있나? 이미 다른 곳에서 이런 사례나 반증을 볼 수 있나? 그렇다면 이런 사실이 이 깨달음의 결점을 드러내는 것인가, 아니면 (디자인이 잘못되었다든가 하는) 또 다른 이유가 있나?

깨달음을 테스트하는 것은 실제 세계의 사람들을 관찰하는 데 좀더 많은 시간을 들인다는 것으로, 때로는 프로토타입이나 경쟁 제품을 사용하기도 한다. 이 부분에서 발견하는 작은 차이들이 여러분의 깨달음을 가치있는 것으로 만들어줄 수 있다.

시간을 들여 스토리 이면의 데이터를 검토하고 논의하라.

적절한 비전의 수립

제대로 된 방법을 택하든 약식의 방법을 택하든, 비전을 수립하는 것은 생각보다 오래 걸린다.

"우리 디자이너들은 바로 디자인을 시작하고 싶어 한다. 이를 참는 것이 중요하다"고 컬쳐드 코드Cultured Code 사의 위르겐 쉬바이처는 말한다. 디자인을 일찍 시작하는 것은 중요한 점들을 놓치는 것이다. 심지어 완전히 잘못된 것을 만들 수도 있다.

몇 년 전 한 자동차 제조회사에서 고객에게 맞는 자동차를 선택하는 서비스를 디자인해달라는 요청을 받았다. 라이프스타일과 성격에 관한 질문을 한 후 최종 후보 리스트를 제공해 사람들이 쉽게 자동차를 고를 수 있게 하자는 것이었다.

이 아이디어를 테스트해보니 고객들이 대답을 가짜로 해야 한다고 했다. 한 고객은 "개가 있다고 대답하면 쿠페가 나오지 않아요."라고 말했다. 고객은 취미를 설명해 자동차를 찾는 복잡한 과정에 금방 짜증을 냈다. 알고보니 고객은 원하는 자동차에 대한 대략적인 생각을 이미 가지고 있었다. 자동차의 라인업별로 뚜렷하게 나온 사진만 있으면 마음에 드는 자동차를 선택할 수 있었던 것이다.

문제를 이해하기 위해 시간을 들일수록 더 나은, 더 단순한 해결책이 나온다.

> "어떤 문제가 첫눈에 정말 단순해 보인다면, 문제의 복잡성을 제대로 이해하지 못한 것입니다. 문제를 살펴보고 정말로 복잡할 경우 사람들은 이것저것 복잡한 해결책들을 내놓지요. 여기가 중간쯤이라고 할 수 있고, 대부분의 사람들은 여기서 멈춥니다…… 하지만 정말 뛰어난 사람이라면 끊임없이 파고들어 그 문제의 기본적인, 근본적인 원칙을 발견합니다. 그리고 우아하고 진정 아름다운, 제대로 된 해결책을 찾아내지요.
> ─스티브 잡스(스티븐 레비Steven Levy의 『위대한 발명: 모든 것을 바꾼 매킨토시의 생애와 시대Insanely Great: The Life and Times of Macintosh, the Computer that Changed Everything』에서 발췌)

야후!의 전 수석 디자인 아키텍트Chief Design Architect인 루크 로블르스키Luke Wroblewski가 말하듯, "처음 나온 디자인이 해결책처럼 보이지만, 그건 대개 문제에 대한 초반 정의에 불과하다."

내 경험상 프로젝트 초반의 3분의 1 정도는 뭐가 진짜 중요한지 알아내는 데 소요된다. 복잡함은 한없이 커지는 것 같고 해결책은 보이지 않는, 신경을 갉아먹는 시간이다. 여기에 충실하는 것이 단순함에 도달하기 위한 첫걸음이자 가장 중요한 걸음이다.

성급히 디자인부터 하려 들지 말자. 핵심이 무엇인지 이해하려면 시간이 걸린다.

진정 뛰어난 사람이라면
끊임없이 파고들어 ……
우아하고 진정 아름다운,
제대로 된 해결책을
찾아낸다
―스티브 잡스

공유하라

앨런 콜빌 Alan Colville 은 2002년 당시 영국 케이블티비 회사인 텔레웨스트 Telewest 의 제품 관리자를 역임했다. 그는 셋탑박스 소프트웨어의 업그레이드를 맡았는데, 이 일은 소프트웨어 개발자에서 콜센터까지 회사의 모든 인력 부문이 개입되어 있었다.

> 회사 사람들은 새로운 프로젝트에 꽤 냉소적이었고, 변화를 달가워하지 않았습니다. 이전에 했던 것들이 모두 너무 복잡해서 출시 이후에도 수정 작업이 필요했고, 속도도 짜증나게 느렸죠. 이번 프로젝트는 우리의 대표 고객과 그들의 니즈에 중점을 둔다는 점에서 이전과 다르다는 것을 보여줘야 했습니다. 그런 점에서 지금까지 해왔던 것들과는 정반대의 것, 단순하고, 안정적이고, 빠른 것을 만들어내고 싶었습니다.

먼저 콜빌은 이번 프로젝트에서 셋탑박스를 '단순하고, 안정적이고, 빠르게' 만들 것을 다짐하는 포스터를 회사 곳곳에 붙였다. 이 세 단어는 모든 의사 결정의 지침이 되었다. 모든 회의에서 콜빌은 이 질문을 던졌다. "이렇게 하면 더 단순하고, 더 안정적이고, 더 빠른 사용자 경험을 만들어낼 수 있습니까?" 그는 이렇게 회상한다.

> 효과가 나타난 것은 어느날 화상회의에서 프로젝트 관리자 한 분이 어떤 사안에 대해 이야기할 때였습니다. 그는 "그로 인해 더 단순하고 더 안정적이 될 수는 있었지만 더 빠른 속도를 기대할 수는 없었습니다. 그래서 그 사안은 추진하지 않기로 했습니다."라고 말했어요.

> 압박감은 사라지고 디자인이 제대로 가기 시작했습니다. 원래 회사는 새로운 소프트웨어가 출시될 때마다 고객지원 부문에서 대량 출혈을 겪곤 했는데, 이번 소프트웨어 출시 후 문의 전화의 건수는 미미했습니다. 그것만으로도 300만 파운드가 절감되었습니다.

비전을 공유한다는 것은 여러분이 그 자리에 없다 해도 옳은 결정이 내려진다는 것을 의미하며, 이해관계자들이 좋은 결정과 나쁜 결정의 차이를 알게 된다는 사실을 의미한다. 핵심 선언문을 모두 볼 수 있게 함으로써 그 중요성을 상기시킬 수 있다. 핵심 선언문을 언제 어디나 공개해 본질적이고 당연한 것으로 인식하게 한다. 공공연히 그 문구를 노출시키게 되면 팀원들 모두 사람들이 무엇을 기대하고 무엇을 만들어내야 하는지 알게 된다.

일단 비전을 발굴해내고 공유하기 시작했다면 이제 디자인을 할 준비가 된 것이다.

프로젝트와 관련된 모든 사람에게, 만날 때마다 스토리를 반복하라. 끊임없이 되풀이해야 한다. 스스로 신물이 날 정도가 되어야 메시지가 겨우 통하기 시작한다.

자신만의 이야기를 해보자

3장

단순함을 위한
네 가지 전략

단순화하기

나는 디자이너 면접을 볼 때 불필요하게 복잡해보이는 사물을 택해 단순화해보라고 한다.

오랫동안 DVD 리모콘을 단순화하는 과업을 주어왔는데, 이는 대부분의 사람들이 집에 하나씩 가지고 있을 뿐만 아니라, 앞으로 살펴보게 되겠지만 몇몇 까다로운 문제들을 던져주기 때문이다.

대개 DVD 리모콘에는 40개가 넘는 버튼이 있다. 50개가 넘는 것도 많다. 영화를 재생하고 정지하는 데 쓰이는 기기치고는 좀 과한 것 같다.

어떤 물건이 이렇게 복잡하다면 그것을 단순화할 여지도 많을 것이다. 하지만 알고 보면 이 일은 생각보다 어렵다.

지금 한번 해보라. 집에 있는 DVD 리모콘을 참조하거나 다음 페이지의 템플릿을 써도 된다. 친구와 함께 토론하는 게 도움이 될 수도 있겠지만, 친구가 DVD를 보려고 할 때는 피하는 편이 좋다.

전원
퀵 온스크린 메뉴 (스크린 메뉴)
FL 선택 (DVD 플레이어의 디스플레이 선택)
열기/닫기 (DVD 꺼냄)
디스크 탐색 (재생목록 보기)
AV 최적화 (오디오/비디오 조절)
반복(반복 재생)
다중 리매스터 (오디오 품질 향상)
숫자 키패드
화질 최적화 (노이즈 감소)
수동 건너뛰기 (30초 앞으로)
빠른 되감기 (몇 초 전으로 되돌리기)
취소
빨리감기
되감기
느린 재생
느린 되감기
정지
일시정지
재생
다이렉트 내비게이터/최상위 메뉴 (메인 메뉴)
재생 목록/메뉴 (디스크 메뉴나 재생 목록 보기)
기능 (스크린 메뉴 선택)
이전 (이전으로)
위 화살표
아래 화살표
왼쪽 화살표
오른쪽 화살표
확인
자막
오디오 (사운드트랙 선택)
앵글/페이지 (앵글 선택/정지 화면 보기)
설정 (간편 설정 메뉴)
재생 모드 (전체/구간/무작위 재생)
재생 속도 (재생 속도 선택)
줌
그룹 (재생 그룹 선택)

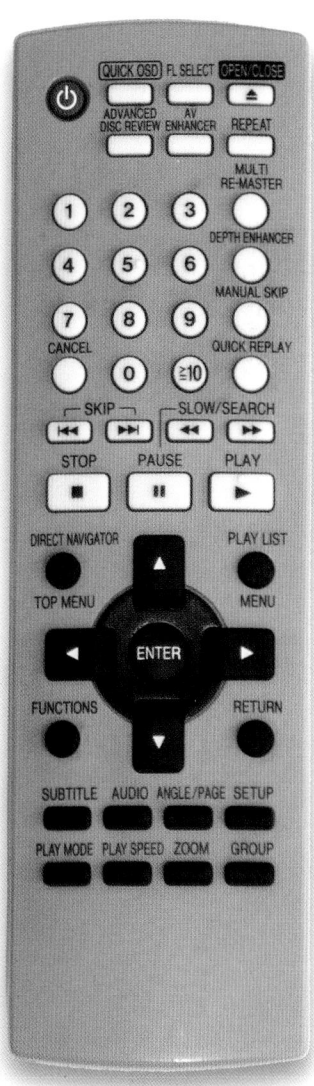

리모콘

다음 페이지에 있는 리모콘 템플릿을 이용해 자신만의 리모콘을 만들 수 있다. 설명은 내가 가지고 있는 DVD 플레이어의 사용 설명서와 동일하지만, 몇몇 버튼에 설명을 조금씩 덧붙였다. 대부분은 리모콘에 있는 버튼들을 그냥 무심히 보고 지나쳤을 것이다.

때론 한 가지 문제를 해결하면 다른 문제가 생겨난다. 여러분이 만든 리모콘을 어떻게 사용할지, 어떻게 사용하면 단순하게 느껴지거나 좀더 복잡하게 느껴질지 생각해보자. 처음 나온 안을 고집하지 말 것. 하나의 아이디어에 지나치게 집착하는 것보다 서너 개를 빠르게 스케치하는 편이 낫다는 것은 진리다. 그 후 가장 마음에 드는 하나를 골라 완성해가면 된다.

나는 사람들이 디자인한 것들을 일정 기간 수집해보았다. 다른 사람들의 디자인을 보거나 자신의 디자인을 등록하고 싶다면 simpleandusable.com 사이트를 방문하기 바란다.

전원
퀵 온스크린 메뉴 (스크린 메뉴)
FL 선택 (DVD 플레이어의 디스플레이 선택)
열기/닫기 (DVD 꺼냄)
디스크 탐색 (재생목록 보기)
AV 최적화 (오디오/비디오 조절)
반복(반복 재생)
다중 리매스터 (오디오 품질 향상)
숫자 키패드
화질 최적화 (노이즈 감소)
수동 건너뛰기 (30초 앞으로)
빠른 되감기 (몇 초 전으로 되돌리기)
취소
빨리감기
되감기
느린 재생
느린 되감기
정지
일시정지
재생
다이렉트 내비게이터/최상위 메뉴 (메인 메뉴)
재생 목록/메뉴 (디스크 메뉴나 재생 목록 보기)
기능 (스크린 메뉴 선택)
이전 (이전으로)
위 화살표
아래 화살표
왼쪽 화살표
오른쪽 화살표
확인
자막
오디오 (사운드트랙 선택)
앵글/페이지 (앵글 선택/정지 화면 보기)
설정 (간편 설정 메뉴)
재생 모드 (전체/구간/무작위 재생)
재생 속도 (재생 속도 선택)
줌
그룹 (재생 그룹 선택)

네 가지 전략

몇 년간 이 DVD 리모콘을 단순화하는 문제에 대해 수많은 진지한 해결책들을 봐오면서, 이들이 네 가지 카테고리로 귀결된다는 것을 발견했다.

- 제거: 기기의 본질적인 부분만 남기고 모든 불필요한 버튼들을 제거한다.
- 조직화: 좀더 이해하기 쉽게 버튼들을 그룹화해 배열한다.
- 숨기기: 가장 중요한 버튼들만 남기고 나머지는 모두 덮개 아래 숨겨 사용자의 주의를 흩뜨리지 않게 한다.
- 이전: 몇 개의 기본적인 기능만 있는 아주 단순한 리모콘을 만들고 나머지는 TV 화면의 메뉴에서 제어함으로써, 리모콘의 복잡성을 TV로 이전하는 것이다.

각각의 전략을 조금씩 사용하는 사람들도 있지만 대부분은 주요 전략을 가지고 있다. 어떤 이들은 리모콘에 터치스크린을 넣거나 TV 앞에서 리모콘을 흔드는 기능 등의 부가적인 기술을 사용하기도 하지만, 이들 역시 제거, 조직화, 숨기기, 이전의 형태일 뿐이다.

그밖의 기기와 사용 경험들을 단순화하는 작업을 하면서 나는 이 네 개의 전략이 계속해서 이런저런 형태로 튀어나온다는 사실을 알게 되었다. 이 전략은 기능과 컨텐트 양쪽에 모두 적용된다. 그리고 웹사이트 전체와 같이 규모가 큰 것에든 하나의 페이지와 같이 작은 규모의 것에든 이 전략이 적용된다.

각 전략마다 강점과 약점이 있는데, 이에 대해 다음 장에서 이야기하겠다. 당면한 문제에 얼마나 적절한 전략을 선택하느냐에 성공의 큰 부분이 달려있다.

제거

조직화

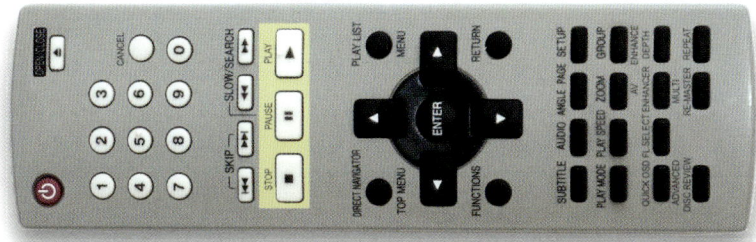

숨기기

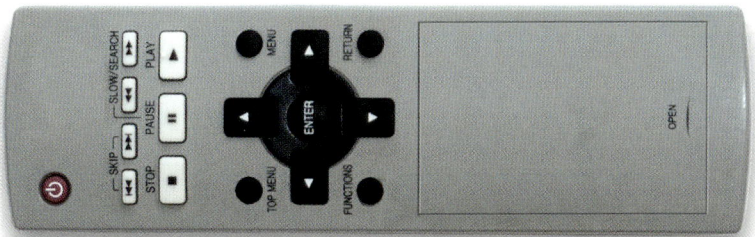

이전

4장

제거

제거

스탠디쉬 그룹Standish Group의 2002년 연구에 의하면 소프트웨어 기능 중 64 퍼센트가 "전혀 혹은 거의 쓰이지 않는다." DVD 리모콘에서 한 번도 건드리지 않은 버튼이 몇 개인지 세어보자. 생각할 수 있는 거의 모든 기기나 소프트웨어가 이에 해당할 것이다. 제거를 통해 단순화할 수 있는 여지는 많다.

기능을 제거하거나 생략함으로써 성공적인 제품을 만들어낸 사례를 보자.

- 텀블러Tumblr 블로그 서비스는 워드프레스WordPress나 블로거Blogger에서 제공하는 기능 중 일부만을 제공하지만, 런칭 후 3년 만에 일일 200만 개의 포스트가 넘쳐났다.
- 로터스Lotus의 일리즈Elise는 출시될 당시 에어컨도 없고 생산 가동량은 800대인 아주 기본적인 사양의 스포츠카였다. 이 제품은 수만 대가 팔렸고 15년이 지난 지금까지 생산되고 있다.
- 런칭 당시 아이폰은 노키아나 RIM(블랙베리 사)의 경쟁 제품에 비해 기능이 적었지만 꾸준한 히트를 기록해왔다.
- 37시그널즈37signals의 프로젝트 관리용 엑스트라넷 베이스캠프Basecamp는 마이크로소프트의 쉐어포인트SharePoint 같은 엑스트라넷 소프트웨어에 비하면 극히 적은 기능만을 제공하지만, 「비즈니스위크」에서는 이를 "중독될 정도로 사용하기 쉽다."고 표현했으며 전 세계 수백만 명의 사람들이 사용 중이다.

기능이 많을수록 할 수 있는 것도 많으니 당연히 더 유용한 제품이라고 흔히들 생각한다. 하지만 위에서 사례로 든 제품들은 기능의 폭보다 깊이를 택했다. 이들은 몇 가지 기능이 경쟁 제품보다 훨씬 뛰어나기 때문에 유용한 것이다.

기능이 많은 제품이 적은 제품을 이길 것이라는 것 역시 세간의 통념이다. 하지만 위에서 사례로 든 제품 모두 좀더 완벽한 기능을 갖춘 경쟁 제품과 겨뤄 승리를 거뒀다. 쓸데없는 부분을 없앰으로써 디자이너는 소수의 중요한 문제에 집중해 더 나은 해결책을 내놓을 수 있고, 사용자는 다른 데 신경쓰지 않고 자신의 목표를 달성하는 데 집중할 수 있었다.

무엇이 핵심인지를 이해하기는 쉽다. DVD 리모콘에는 재생 버튼과 정지 버튼이 필요하다. 문제는 무엇이 가치있는가 하는 판단이다. 제거를 통한 단순화를 하고자 한다면 빈 종이를 앞에 두고 "중요한 문제가 무엇인가?"라는 질문을 시작해보자. 그후 점차 가장 중요한 기능과 컨텐트를 붙여 간다.

단순화의 가장 확실한 방법은
불필요한 것을 없애는 것이다

이런 것은 피한다

기능 제거에 관한 잘못된 접근 중 하나가 구축하기 어려운 기능을 제거하는 것이다.

몇 년 전, 전기를 절약하도록 도와주는 웹사이트 작업을 했다. 온라인으로 전기 사용량을 확인할 수 있게 해, 작은 습관의 변화로 인해 전기가 얼마나 많이 절약될 수 있는지를 보여주자는 것이 대략의 아이디어였다.

기획 초반, 프로젝트 관리자는 구현하기 너무 어려운 기능이라며 대신 전기 절약에 대한 글을 싣자고 했다. 런칭할 때는 번듯해 보였지만 특별히 마음을 끌거나 독창적인 부분이 없었고, 결국 이 사이트는 기대했던 만큼 청중을 끌어들이지 못했다.

흔히 일어나는 일이다. 기한은 다가오고, 예산은 빠듯해지고, 기능은 축소된다. 팀 차원에서 가능한 한 많은 기능을 넣는 데 집중하는 경우가 많다. 규모가 크고 구현하기 까다로운 기능들은 취소된다. 누군가 강력하게 반대하면 그 기능은 '2단계'나 '3단계'에 들어갈 거라는 얘기를 듣게 된다.

결국은 기존의 수많은 그렇고 그런 기능과 비슷한 것들만 남은 시시한 제품이 되어 버리는 것이다.

이런 접근은 프로젝트의 본질을 해칠 수 있음에도 기능과 컨텐트를 제거하는 전형적인 수단으로 쓰이며, 내가 그 어떤 것보다 많이 맞닥뜨려온 방법이기도 하다.

기능과 컨텐트를 제거하는 과정은 불가피하다. 모든 팀의 리소스에는 제한이 있고, 지금까지 참여했던 모든 디자인 프로젝트에서 어느 시점에서는 기능이나 컨텐트를 축소해야만 했다. 수년에 걸쳐 제품 규모가 지나치게 커진 경우도 있고, 새로운 디자인이 자리를 잡아가는 과정일 수도 있다.

공감할 수 없고 만족스럽지 않은 과정을 통해 제품의 가장 흥미로운 기능들이 제거되는 것을 보고만 있지는 말자. 디자인에 대한 책임을 지고, 제품의 가치를 높이는 기능과 컨텐트를 만드는 데 집중해야 한다.

기능 축소는
살벌한 과정이 될 수도 있다

핵심에 집중한다

가치를 높이는 것은 핵심 경험을 개선하는 데서 시작된다.

텔레웨스트의 앨런 콜빌은 퍼스널 비디오 레코더^{Personal Video Recorder, PVR}가 들어있는 새로운 셋탑박스 디자인을 맡았다.

빠듯한 리소스로 인해 텔레웨스트는 원하는 것을 모두 구축할 수가 없었는데, 무엇을 포기해야 할지 선뜻 결정을 내리지 못했다. 앨런은 고객에게 무엇이 중요한지 알아내기 위해 경쟁사 제품으로 사용자 테스트를 시작했다.

놀랍게도 고객들은 녹화 중 특정 기능을 쓸 수 없는 것에 대해 가장 관심이 많았다. TV 드라마 두 개를 녹화하려고 하면 세 번째 드라마를 볼 수 없었던 것이다. 사람들은 시간대가 겹치는 두 개의 드라마를 녹화하면서 채널을 다른 곳으로 돌릴 수 없다는 점을 불평하곤 했다.

이 문제를 극복하려면 셋탑박스에 TV 튜너를 세 개 달아야 했는데, 이것은 디자인상의 큰 변화였다. 하지만 앨런의 조사 결과는 '빨간 버튼' 기능이나 인터랙티브 TV 서비스 등, 분명한 사업적 근거는 있으나 고객의 니즈는 검증되지 않은 부가가치 기능들에 대한 관심보다 이 부분에 대한 고객의 불만이 더 강력하다는 사실을 입증했다.

이 조사 결과로 임원들을 설득해 튜너를 추가하는 데 리소스를 할당할 수 있었다. 이 점은 곧 경쟁우위가 되었고 「위치」^{Which}(영국의 「컨슈머 리포트^{Consumer Reports}」 같은 잡지)는 이런 유연성을 이 제품의 주된 강점으로 평가하고 있다.

기능의 우선순위를 정할 때, 사용자가 제품의 일상적인 경험과 관련된 기능들을 중요시한다는 사실을 기억해야 한다. 비전 스토리에서 설정한 길을 따라 시작해보자. PVR에서는 TV를 녹화하고 시청하는 기능이 이런 일상적인 경험에 가깝기 때문에 다른 기능보다 중요하다.

사용자는 힘들이지 않고 불편함을 없애주는 기능에 가치를 둔다. 비전 스토리를 짤 때 사용자들이 흔히 맞닥뜨리는 불편함이나 문제점들을 찾아보자. 이것을 해결해주는 기능이 그 다음 우선순위다. PVR에서는 여러 프로를 한 번에 시청하고 녹화하는 기능이 우선순위에 들 만큼 중요하다는 결과가 나왔다.

고객은
특별한 부가가치 기능보다
기본적인 기능의 개선을 선택했다

불완전한 기능은 없앤다

구현이 제대로 안된 기능은 없애는 편이 좋다. TUI 스키^{TUI Ski}의 온라인 부문장인 데이빗 자비스^{David Jarvis}의 얘기를 들어보자. 그가 관리하던 한 웹사이트에서는 검색 결과를 필터링해 최종 목록을 만드는 기능을 제공했다.

> 특별히 잘 만들어진 기능은 없었습니다. 필터링과 최종 리스트를 만드는 기능이 있어야 한다고 생각했고 기능도 어느 정도 돌아가긴 했지만, 사람들에게 불완전한 경험을 제공하고 있다는 느낌이 들었어요. 영국 사이트에서 그 기능을 없앴더니 전환율이 증가했습니다.

불완전한 기능이나 컨텐트를 없앨 때 그 기능을 만드느라 들어간 시간과 노력이 무용지물이 된다며 반대하는 사람들이 있다. 얼마나 보잘것없는 것이든 돈을 주고 만든 것이고 아무도 이미 가진 것을 없애길 원하지 않는다. 그러나 잭 모펫^{Jack Moffett}의 말마따나 "망가진 것은 고칠 수 있다. 조잡한 것은 영원하다."

경제학자들은 이를 '매몰 비용의 오류^{sunk costs fallacy}'라고 부른다. 실제로 기능을 구현하는 데 들어간 비용은 회수가 불가능하며, 그 기능을 평가하는 유일한 방법은 현재 그것이 얼마나 도움이 되는지와 앞으로 그것을 유지하는 데 얼마나 비용이 들어갈 것인지를 알아보는 것이다.

기능과 컨텐트는 항상 사용자에게 심적 부담을 주며("이걸 봐야할까, 말아야 할까?") 유지 비용이 들기 마련이다(누군가가 컨텐트를 업데이트하거나 기능이 제대로 작동하는지 확인해야 한다).

고로 "이것을 왜 없애야 하지?"라고 질문해서는 절대 안 된다. 항상 "이것을 왜 그대로 두어야 하지?"라고 질문해야 한다.

"없애면 아까우니까"라며 기능을 유지하는 결정이 발목을 잡을 수도 있다.

우리는 망가진 것을 알면서도
그대로 두곤 한다

사용자가 …… 하려고 한다면?

'위원회식 디자인 design by committee'을 한 번이라도 경험했다면 어떤 것이 불필요하다고 주장하기란 불가능하다는 사실을 알 것이다.

기능을 없애자는 취지로 제안하더라도, "하지만 사용자가 ……하려고 하면?"이라는 말로 모든 기능이 하나씩 정당화된다. 회의석상에 둘러앉아서, 어떤 사용자가 '바로 그것'을 하려고 한다는 상상을 하기는 사실 쉬운 일이다. 그렇게 모든 기능이 살아남는다. 목록 맨 밑에 다다를 즈음 오히려 몇 개의 기능이 더 붙는 경우도 허다하다.

"사용자가 ……하려고 하면?"이라고 상상하기 시작하면 제품에 어떤 기능이든 도로 갖다붙일 수 있다. 부적절한 쓰레기 투성이의 기획안이 되어버리는 것이다. 일어날 수 있는 모든 사태를 대비해 여행 가방을 가득 채우는 여행자처럼 스스로 "……하려고 하면?"의 무게에 짓눌리고 말 것이다.

"이 문제를 ……로 해결한다면?"이라고 스스로에게 질문하는 것은 괜찮다. 문제 해결을 위한 새로운 방식을 꿈꾸는 것은 사용자의 삶을 좀더 나은 것으로 만드는 길 중 하나다.

반면, 새로운 문제를 생각해내거나 사용자에게 무엇이 중요한지를 추측할 때 "……하려고 하면?"을 사용하는 것은 좋지 않다. "……하려고 하면?"이라는 말은 사람들로 하여금 뭔가 놓쳤거나 부족한 게 있지 않나 걱정하게 만든다. 그리고 그 걱정에 대처하기 위해 우리는 시간과 노력, 비용을 쪼개어 기능을 추가한다.

"사용자가 ……하려고 하면?"을 상상하기 시작하면 회의 석상은 걱정으로 가득해질 것이다.

만약 자신이 (혹은 다른 누군가가) "사용자가 ……하려고 하면?"이라는 말을 꺼낸다면 답은 하나뿐이다. 사용자에게 그것이 정말 중요한지 알아봐야 한다. "이 제품을 쓰는 사람들이 이 문제에 부딪히는 경우가 얼마나 될까?"라고 질문해보라. 대답이 "별로 없다."라면 그 아이디어는 포기하고 다음으로 넘어가자.

"……하려고 하면?"이라는 추측은 그만 하고 실제 상황을 돌아보라.

사용자가
무엇을 하거나 하지 않을지
추측하지 말자

그래도 고객이 원한다면

컬처 코드의 위르겐 쉬바이처는 고객이 원한다는 이유만으로 기능을 추가하는 것을 주의해야 한다고 말한다.

> 수많은 기능 추가 요구가 있지만, 그것을 받아들여 다짜고짜 제품에 어떤 기능을 넣을 경우 제품이 망가질 수도 있다는 사실을 고객이 항상 알고 있는 건 아닙니다. 지나치게 과한 기능일 수도 있고, 다른 중요한 부분을 건드려야 하는 경우도 있죠. 그래서 이런 식으로 새로운 기능을 추가하는 경우는 드뭅니다.
>
> 그 대신 그 요구를 역분석합니다. 고객이 어떤 문제를 겪고 있는지 알아내고, 그것이 우리 소프트웨어에서 해결해야 할 문제인지 여부를 판단하는 거죠.

기능 추가에 따라 고객이 알 수 없는 단점이 생기는 경우도 종종 있다. 휴대폰에서 백그라운드에 애플리케이션이 돌아가게 하자는 것은 괜찮은 아이디어일 수 있다. 배터리가 얼마나 빨리 소모되는지, 그리고 어떤 애플리케이션이 돌아가는지 찾아서 수동으로 끄는 것이 얼마나 짜증나는지 모른다면 말이다.

기능을 추가한다고 사용 경험이 항상 단순해지는 것은 아니다. 사용 경험을 저해하는 경우도 종종 있다.

고객의 진정한 니즈를 충족시키기 위해 다른 방안(다른 모바일 애플리케이션으로 빠르게 전환하는 기능 등)을 내놓을 수도 있다. 하지만 제품에 기능을 추가해달라는 고객의 요구를 무시하는 것을 두려워하지는 말자.

고객의 소리에 귀를 기울이자.
하지만 제안을 액면 그대로
받아들여선 안 된다

과정이 아닌 해결책을

온라인 뱅킹 사이트 작업 당시, 계좌 담당 관리자가 고객이 예금 계좌를 ('명절'이라든가 '가스 요금' 등의 이름을 붙일 수 있는) '팟'으로 나누어 구분할 수 있게 기능을 추가해달라고 했다. 이렇게 하면 고객이 무엇 때문에 저금을 하는지 알 수 있으므로 좀더 열심히 저금을 할 거라는 생각이었다.

이게 얼마나 복잡한 일인지를 기획 초반에 깨달았다. 예를 들어 고객이 계좌에 돈을 넣으려면 돈을 넣은 후 다시 그것을 팟으로 옮겨야 했다—한 단계가 아닌 두단계를 거쳐야 하는 것이다. 누군가 팟에 대해 모르고 계좌에 돈을 예치했다면 그 돈은 계좌 내의 '일반' 팟이라는 또다른 팟으로 들어가야 했다.

계좌에서 송금을 할 때 문제는 더 복잡해졌다. 고객이 어떤 팟에서 돈이 나가야 할지를 선택해야 했다. 게다가 그 팟에서 너무 많은 돈을 송금했을 경우, 나머지 계좌에 충분한 돈이 있다 해도 송금이 거부될 수 있었다.

수많은 예외와 세부 사항을 야기하는 이런 종류의 기능은 항상 내게 경각심을 불러 일으킨다.

그래서 처음 떠올린 문제로 다시 돌아가봤다. 고객이 저금을 하는 이유를 기억할 수 있게 해주자는 거였다.

예금 계좌에 이름을 붙일 수 있게 해준다면 팟에 이름을 붙이는 것과 비슷한 효과를 줄 수 있다는 것을 깨달았다. 고객이 다른 팟을 원한다면 다른 계좌를 개설하면 될 터였다. 아예 계좌를 만들 때 두세 개의 계좌와 함께 이름을 추천해줄 수도 있었다. 팟 기능을 구현하고, 설명하고, 지원하는 비용에 비해 계좌에 이름을 붙이는 것은 구현하기 쉽고 빨랐다. 고객이 이해하기도 훨씬 쉬웠다.

과정에 집중해 디자인하게 되면 예외 사항, 문제, 세부적인 것에 대처하는 기능을 만드는 데 그치게 된다. 이런 모든 복잡성을 없애려면 한 걸음 물러서서 고객의 목표에 집중한 채 스스로에게 질문하라. "이 문제를 해결할 수 있는 다른 방법이 없을까?"

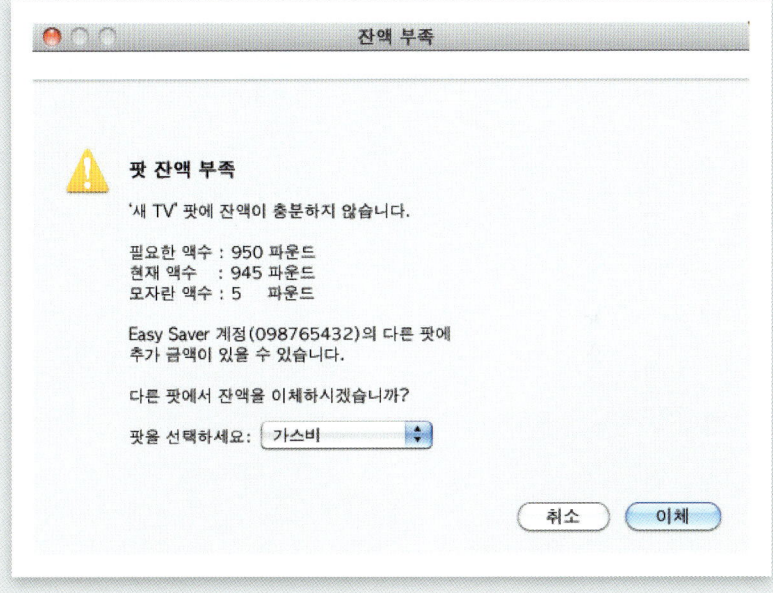

사소한 변경이
복잡한 과정을 야기한다면,
한 걸음 물러서서
다른 해결책을 찾을 때다

기능이 문제되지 않을 때

호소력 있는 제품을 만들려고 할 때, 기능을 제거하는 것은 위험해 보이지만 장기적인 면에서 장점이 있다.

2006년 롤런드 러스트Roland T. Rust, 드보라 톰슨Debora Viana Thompson, 레베카 해밀튼Rebecca W. Hamilton, 세 연구자는 기능이나 사용성이 대부분의 고객에게 문제가 되는지 알아보기 위한 실험을 실시했다.

이들은 참가자를 두 그룹으로 나누어 두 개의 디지털 비디오 플레이어 중 하나를 고르게 했다. 하나는 일곱 개의 기능이, 다른 하나는 스무 개의 기능이 있는 것이었다. 첫 번째 그룹의 참가자들은 선택을 하기 전에 제품에 대한 설명만 읽을 수 있었고, 두 번째 그룹은 선택하기 전에 제품 중 하나(고기능 모델 혹은 저기능 모델)를 써볼 수 있었다.

'아무것도 써보지 못한' 그룹의 3분의 2는 고기능 모델을 선택했다. 하지만 고기능 모델을 써본 참가자 중 44퍼센트만이 고기능 모델을 선택했다. 올바른 선택이라는 확신도 낮았다.

그들의 결론은, 기능 목록은 고객이 제품을 사용해 볼 기회가 없을 경우에만 먹혀든다는 것이었다. 일단 고객이 제품을 써 보면 선호도는 변한다. 갑자기 사용성이 아주 중요해진다.

오늘날 입소문과 사용자 리뷰, 개인화 추천, 제품 체험 이벤트 등이 대중 매체 광고보다 점점 더 중요해지고 있다. 고객은 다른 사용자들—사용성을 중요시하게 된 사람들—로부터 제품에 대해 알게 된다. 기능을 늘리기보다는 줄일 것이 절실히 요구된다.

제품에 지나치게 많은 기능을 넣는 것은 주류 고객의 만족도를 저하시키고 장기적으로 판매에 악영향을 줄 수 있다.

장기적으로 볼 때
기능 추가는 패배 전략이다

없애면 안 될까?

일단 어떤 기능이 출시되면 어디선가, 누군가는 결국 그 기능을 사용할 것이다. 기능이 맘에 들면 사용자는 그 기능을 잘 이용하기 위해 사용 습관을 바꾸게 된다. 사람들은 좋아하는 기능에 점점 중독되고, 그 기능이 없어질 경우 그것이 아무리 사소한 변경이라고 해도 화가 나게 된다.

하지만 중독에도 강약이 있다. 사용자에게 무엇보다 중요한 것은 여러분의 제품이 사용자의 중요한 문제를 해결하는 최선의 방법인가 하는 것이다. 만약 그렇다면 기능이 약간 바뀐다고 해도 그들은 그 제품을 계속 쓸 것이다.

어떤 기능을 없앰으로써 사용자들이 얼마나 영향을 받을지 판단하기는 까다로운 일이다. 사람들에게 "우리가 이 기능을 없애도 될까요?"라고 묻는다면 항상 "아니오!"라는 대답만이 메아리칠 것이다. 기능이 줄어든다는 생각을 좋아할 사람은 없다. 그 기능을 써본 적도 없고 앞으로도 절대 쓰지 않을 사람들조차 그대로 두자고 할 것이다. 사람들의 머릿속에 있는 기능에 대한 선호도는 실제보다 높은 경우가 많다.

대신 그 기능이 사용자의 핵심 목표에 얼마나 가까운지 검토해보자.

영업사원의 가망 고객 관리용 모바일 애플리케이션을 만든다고 할 때, 배경색을 바꾸는 기능을 없앤다고 해서 해가 될 것은 없다. 핵심 과업이 아니기 때문이다.

하지만 어떤 기능이 애플리케이션의 핵심에 가까울 경우는 좀더 어렵다.

사람들에게 무엇이 정말 중요한지 알아내고 그들이 어떻게 반응할지 이해하는 최선의 방법은 목업(mock-up)을 주고 어떻게 쓰는지 관찰하는 것이다.

모든 상황에서 모든 사용자를 만족시키기란 불가능한 일이다. 핵심 과업에서는 타겟 사용자에게 기쁨을 주는 것을 목표로 하고, 부차적인 과업에서는 이들의 마음에 드는 것 정도로 만족하자.

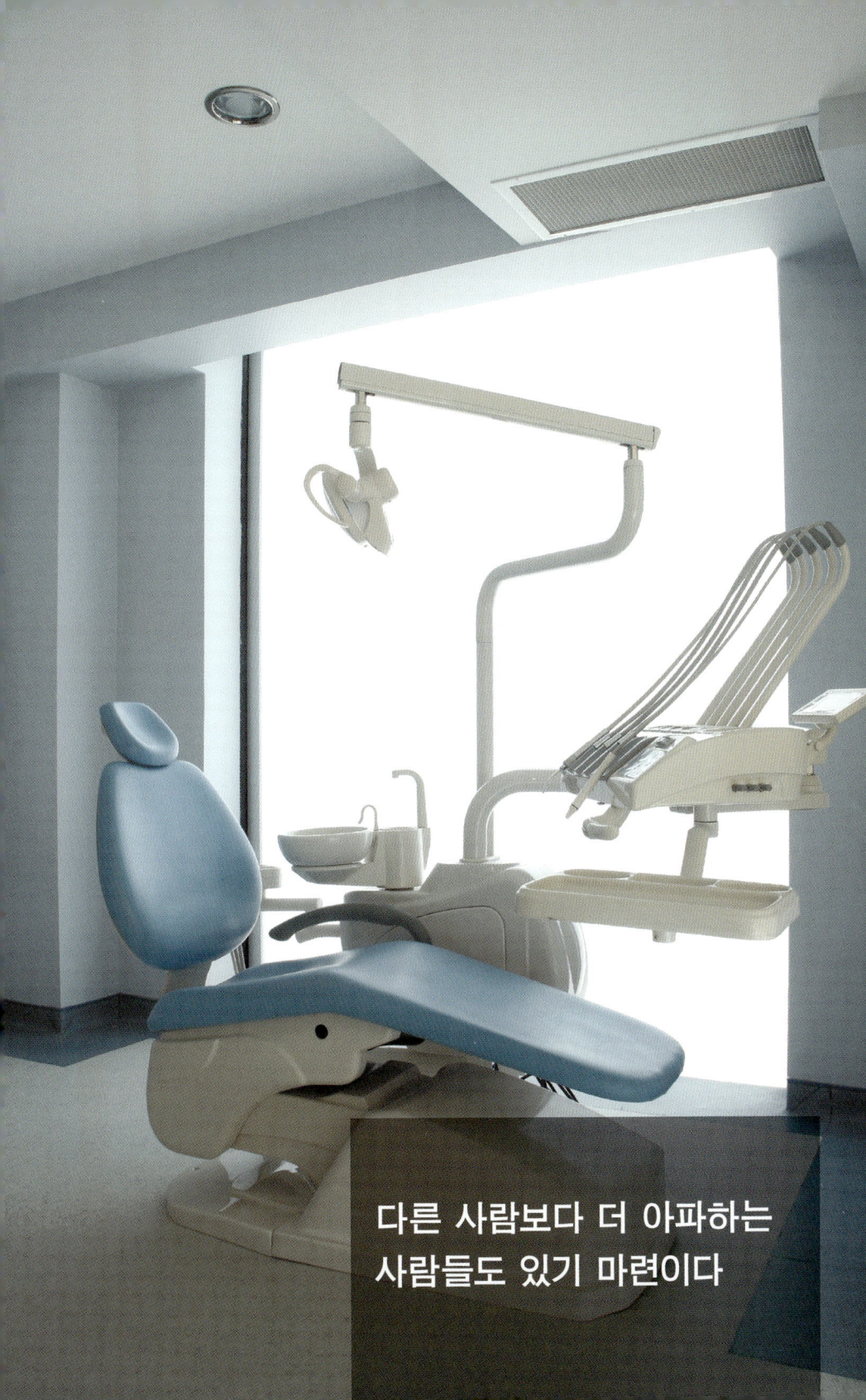

다른 사람보다 더 아파하는 사람들도 있기 마련이다

기능의 우선순위 매기기

어떤 기능은 남기고 어떤 기능은 제거할지 결정할 때 다음의 원칙을 따르자.

- 사용자의 목표를 밝혀내고 우선순위를 매긴다. DVD 리모콘의 경우 주된 목표는 DVD를 보는 것이고 두번째 목표로 DVD 부가 정보의 이용, 그리고 중요도가 떨어지는 목표로 CD나 MP3 등 다른 미디어의 재생이 있다.

- 사용자의 최우선 목표를 완벽하게 만족시키는 해결책에 집중한다. 우선순위가 낮은 목표들은 그 다음이다.

- 흔히 불안이나 스트레스를 일으키는 원인들을 밝혀내고 그 스트레스를 손쉽게 없애주는 기능에 우선순위를 둔다. 예를 들어 TV를 볼 때 (전화가 온다든가 해서) 방해를 받는 일이 흔하다. DVD 리모콘의 일시정지 버튼은 이런 불편을 최소화해준다.

- 주류 사용자의 니즈를 충족하는 '괜찮은' 조작 기능과 전문가들을 위한 '정밀' 조작 기능(precision control)을 구분하고, '정밀' 조작 기능은 제쳐둔다. 예를 들면 이 책에 나온 DVD 리모콘에는 빨리감기를 위한 버튼이 네 개나 있다. 두 개(빨리감기와 챕터 마지막으로 가는 버튼) 정도만으로도 충분할 것이다.

마지막으로, 제품의 가치를 기능의 수로 판단하려는 유혹에 빠지지 말 것. 대신 제품이 사용자의 최우선 목표들을 얼마나 잘 충족시키는지 고민하라.

최소한의 노력으로
주류 고객의 니즈를 만족시키는
기능에 우선순위를 둔다

부담

사람이 정보를 처리하고 과정을 익히고 세부 사항을 기억하는 데는 한계가 있다. 게다가 사용자 테스트 랩에서와는 달리 현실 세계에서는 방해 요소나 시간 제약으로 인한 압박이 훨씬 심하기 때문에 이 한계가 더 커진다.

인터페이스의 미세한 부분이 사용자의 부담을 늘려 도로의 과속방지턱이나 아스팔트 구멍처럼 사용 속도를 느리게 할 수 있다.

나의 사업 파트너인 리차드 캐딕Richard Caddick은 코오퍼레이티브 뱅크The Co-operative Bank 로부터 홈페이지의 클릭 수를 늘려달라는 요청을 받고, 페이지를 방문하는 사람들의 부담을 줄이는 다음과 같은 작업에 착수했다.

- 사람들이 쳐다보지 않는 문구들, 예를 들면 은행 이름 아래 적힌 슬로건 같은 것들을 없앴다.
- 페이지 오른쪽의 세로로 긴 컬럼을 제거하는 등 레이아웃을 단순화해 사람들이 어떤 것이 중요하고 어떤 것이 우선순위가 낮은지를 쉽게 알 수 있게 했다.
- "……를 알려주세요"라는 드롭다운 메뉴 등 중복 링크들을 없애 클릭할 수 있는 항목을 20 퍼센트 정도 줄였다.
- 버튼과 링크에 쓰인 스타일의 수를 제한해 어떤 것이 클릭할 수 있는 것이고 어떤 것은 아닌지 쉽게 구분하게 했다.
- 홍보 배너를 줄여 목적지가 분명한 고객의 주의를 흩뜨리는 요소를 줄였다.
- 컨텐트를 분할하는 선들이나 페이지를 가로지르는 노란색 바 등 주의를 산만하게 하는 요소들을 없애 시각적 장애물을 줄였다.

이 소규모 프로젝트는 몇 주 만에 완료되었고 그 결과 홈페이지에서 클릭해 신청서 작성까지 완료하는 방문자 수가 크게 증가했다.

옵션이나 컨텐트, 산만한 요소들을 제거함으로써 사용자의 부담이 줄어들고, 사용자는 원하는 일을 끝마치는 데 집중할 수 있게 된다. 시각적인 산만함을 제거하는 것은 사용자가 보는 대상을 좀더 빠르고 정확하게 처리하는 데 도움을 준다. 이런 모든 차이를 만들어내는 것은 디테일이다.

개선 전

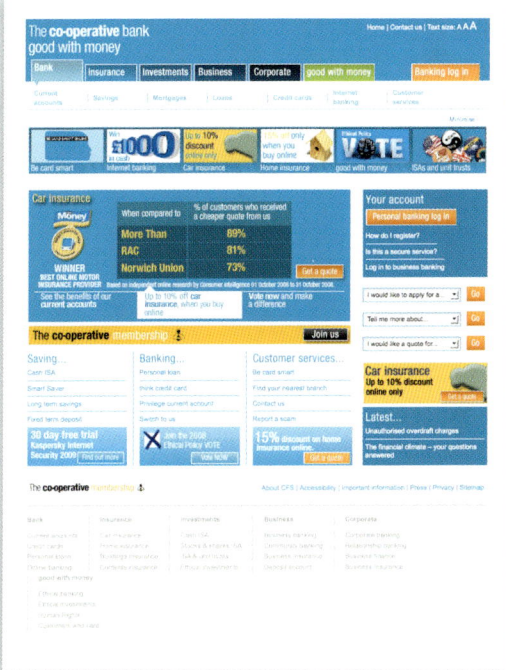

개선 후

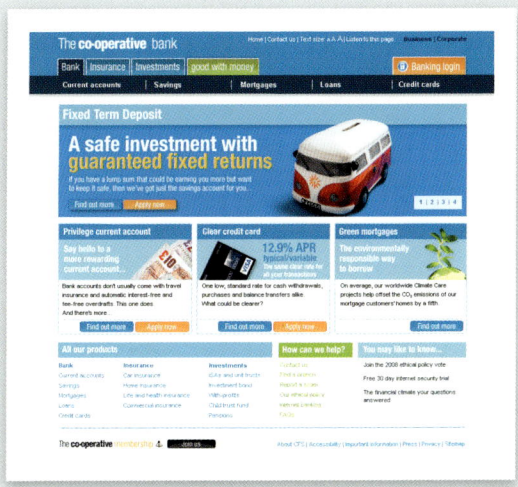

결정

우리는 사용자에게 가능한 한 넓은 선택의 폭을 제공하는 것에 중점을 두곤 한다. 하지만 선택할 수 있는 것이 너무 많으면 사용자는 쉽게 지칠 수 있다.

2000년 쉬나 아이엔거Sheena S. Iyengar 박사와 마크 레퍼Mark R. Lepper 박사는 캘리포니아 주 멘로 공원 내의 드래거 마켓Draeger's Market에 시음용 부스를 마련했다. 매일 수백 명의 사람들이 부스를 지나갔다. 어떤 주말에는 스물네 가지 잼을 내놓았고, 어떤 날은 여섯가지를 내놓았다. 선택의 폭이 넓은 경우 결과는 좋지 않았다. 지나가던 사람의 2퍼센트만이 잼을 샀다. 옵션이 적을 때는 지나가던 사람의 12퍼센트가 잼을 구매했다.

아이엔거와 레퍼는 여러가지 설정으로 비슷한 실험을 반복했고, 사람들이 수십 개의 옵션에 압도당할 때보다 소량의 옵션이 주어질 때 구매할 확률이 높아진다는 사실을 발견했다.

또한 옵션이 많을 때보다 제한된 옵션이 주어진 경우에 사람들은 자신의 선택에 더 만족한다는 사실도 알아냈다.

선택의 여지를 주는 것은 자신이 제어한다는 느낌을 주며, 사람들은 선택할 수 없는 것보다 어느 정도의 선택의 여지가 있는 것을 선호한다. 하지만 그 선택의 범위가 적절한 양을 넘어서게 되면, 특히 옵션들이 비슷비슷할 경우에는, 부담이 되어버린다.

일하다 보면 사람들이 기술을 대하는 태도에서도 비슷한 양상을 볼 수 있다. 우리는 대부분 줄지어 늘어선 옵션과 버튼을 마주하게 되면 불안해진다. 복잡한 장치를 하나 선택할 때마다 자신이 제대로 이해하지 못하고 있다는 느낌, 손가락 하나 잘못 놀리면 뭔가 잘못되지나 않을까 하는 성가신 느낌이 든다. 사람들은 금방 자신의 선택을 믿지 않게 된다.

다음부터는 기다란 기능 목록이나 링크가 수십 개나 있는 웹 페이지, 온갖 것을 선택할 수 있는 컴퓨터 메뉴를 볼 때, 선택 가능성이라는 것이 여러분의 디자인을 얼마나 쉽게 망가뜨릴 수 있는지 기억하는 편이 좋을 것이다.

선택의 폭이 좁을 때
사용자는 더 행복해 한다

산만함

사용자 인터페이스, 특히 웹 페이지는 눈에 거슬리는 산만한 것들로 가득하다. 이로 인해 본문을 읽는 것 같은 단순한 일조차 힘들어질 수 있다.

기사 중간의 하이퍼링크가 도움이 되는 부가기능으로 보일 수도 있지만, 모든 링크는 "그만 읽고 그 대신 여길 보는 게 어때?"라고 말하고 있는 것이다. 이들은 사용자의 의식에 침입해 집중력을 갉아먹는다. 리서처인 어핑 쥬 Erping Zhu는 문서 내의 하이퍼링크 수가 많을수록—링크를 따라가지 않는다고 해도— 독자의 이해도가 낮아진다는 사실을 발견했다.

아예 웹페이지의 오른쪽 단을 나누고 시선을 끄는 링크들을 배치시키는 경우도 많다. 대개 사용자의 주의를 끌기 위해 밝은 색을 쓰고 애니메이션 처리를 하는 등 페이지의 주요 내용으로부터 사용자의 주의를 흩뜨린다.

사용자가 링크를 클릭할 수도 있겠지만, 혼란이나 무관심, 짜증의 역효과를 낳을 수도 있다.

이런 상황이 너무 심한 나머지 애플의 사파리 Safari 브라우저에서는 읽는 데 집중할 수 있도록 이런 산만한 것들을 없애는 기능을 제공한다.

이런 부가적인 것들은 사용자가 읽기를 마치는 지점인 페이지 맨 끝에 두는 것이 가장 좋다. 사용자가 그렇게 아래쪽까지 읽지 않는다면, 그 글 자체를 손볼 필요가 있다는 징조이다.

단순한 경험을 디자인하려 한다면 주의를 산만하게 하는 것들을 제거하고 사용자가 집중할 수 있게 한다.

개선 전

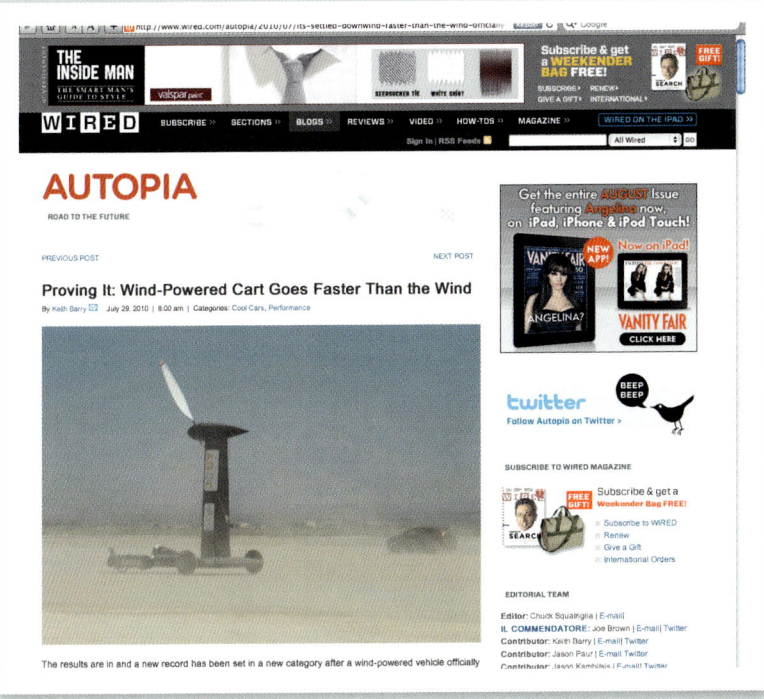

개선 후

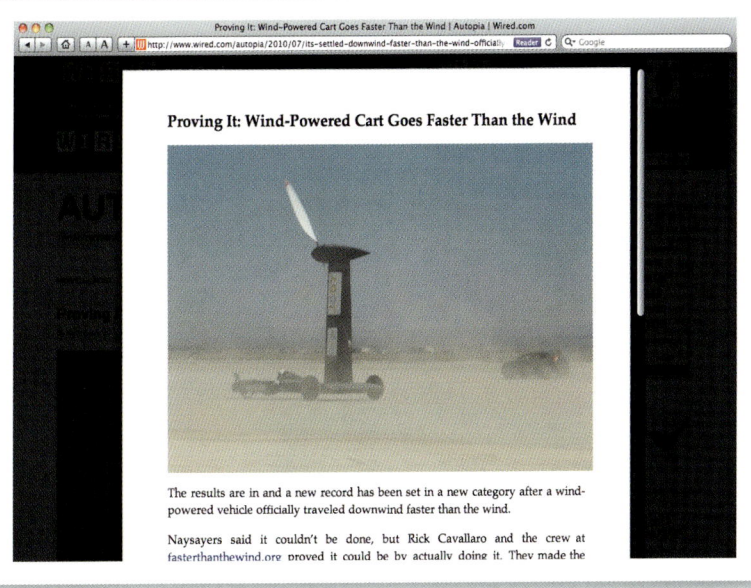

똑똑한 디폴트 값

디폴트 값을 잘 선택함으로써 사용자가 결정해야 할 요소들을 줄일 수 있다.

많은 자동차 사이트에서 현재 보고있는 것과 비슷한 다른 모델들을 비교하는 기능을 제공한다. '비교하기' 기능을 누르면 두세 개의 다른 모델을 골라 비교표에 추가하라고 나온다. 렉서스^{Lexus} 유럽 사이트에는 이 기능이 없다. 여기서는 현재 보고있는 자동차와 가장 비슷한 두 모델을 미리 채워준다. 사이트에서 골라주는 모델들이 고객이 비교해봐야 할 바로 그 모델들인 경우가 많다.

어떤 사람들은 디폴트 선택값을 변경해야만 하겠지만, 비교표가 채워져 있다고 해서 더 나쁠 것은 없다. 전반적으로 렉서스는 고객의 시간을 절약해주는 것이다.

똑똑한 디폴트 설정은 가능한 한 많은 사람에 적합한 설정이다. 로그 파일 등의 고객 데이터에는 똑똑한 디폴트 설정에 참고할 수 있는 유용한 정보가 많이 담겨있다.

- 인기 문서('가장 많이 본 뉴스')
- 유사한 항목('고객님과 비슷한 다른 고객들이 본 제품은……')
- 개인 정보('이전에 입력한 주소 불러오기')
- 흔히 선택되는 항목들(알파벳 순의 국가 목록 맨 위에 '한국'을 두는 것. 대부분의 고객들이 한국인일 때)

고객이 웹사이트나 애플리케이션을 재방문하거나 다시 열 때 이전에 들른 곳으로 가고 싶어 하는 경우가 많다는 점도 기억해두자.

- 최근 저장한 문서들('hello-world.doc 열기')
- 프로세스 재시작('레벨 3 이어서 하기')

사용자들로부터 종종 듣는 불평 중 하나는 방문할 때마다 똑같은 정보를 다시 입력해야 하는 게 얼마나 귀찮은가 하는 것이다. 여행 사이트에서 자주 이용하는 항로나 자주 방문하는 호텔을 기억하고 있다면 얼마나 일이 단순해질지 상상해보자.

디폴트 설정은 사용자의 시간과 노력, 고민을 절약해주는 강력한 수단이며, 여러분의 디자인에서 과속방지턱을 없애주는 좋은 방법이다.

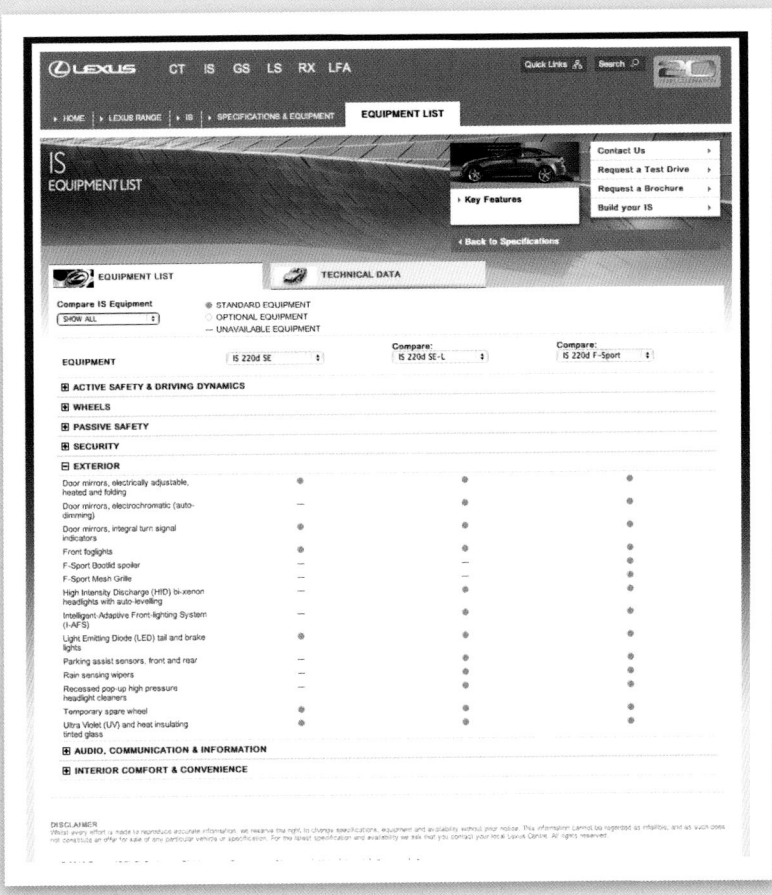

렉서스의 디폴트 비교표는
언제 어느 고객에게나
대체로 유용하다

옵션과 환경설정

제거할 요소들을 찾으려면 옵션과 환경설정에서 시작하는 것이 좋다.

일반적으로 옵션은 사용자들이 원하는 설정을 하게 해준다. 이것은 전형적인 전문가 고객의 행동이다. 전문가는 차 밑에 들어가 차를 만지작거리고 싶어 하고, 주류는 차에 타고 드라이브를 하고 싶어 한다.

나는 디자인팀에서 뭘 해야하는지 확신하지 못할 때 그것이 고스란히 옵션과 환경설정에 반영된다는 사실을 발견했다. 웹사이트 메뉴에서 현재위치 링크나 드롭다운 메뉴를 모두 사용할 수 있다. 둘 다 괜찮아보이고, 그래서 둘다 넣는다. 선택을 사용자에게 넘기는 것이다.

유용한 것처럼 들릴 수도 있지만, 사용자가 어떤 내비게이션 기법이 가장 편한지 알아내는 데 시간을 낭비해야만 할까? 그런 과업은 단순한 제품의 비전과는 너무 동떨어진 것이라 절대 유용할 일이 없다. 잠시 패리스 힐튼 스토리로 돌아가 생각해보자. 친구에게 카메라를 넘겼는데 친구는 카메라를 잡는 세 가지 포지션과 세 개의 셔터 버튼 중 어떤 것이 최선인지 고르고 있다. 친구는 소중한 시간을 낭비하는 것이고 여러분은 동영상을 찍을 기회를 놓치고 말 것이다.

단순한 사용자 경험은 사용자에게 이런 종류의 선택을 하라고 강요하지 않는다. 이것이 디자인팀의 의무이다. 결정을 내리기 위한 최선의 방법은 몇 명의 사용자에게 테스트를 해보는 것이다. 명확히 어떤 것이 더 낫다거나 특별히 위험한 부분도 없다면, '잘못된' 디자인이란 없다. 어떤 것으로 구현할지 선택하고 다음으로 넘어가라.

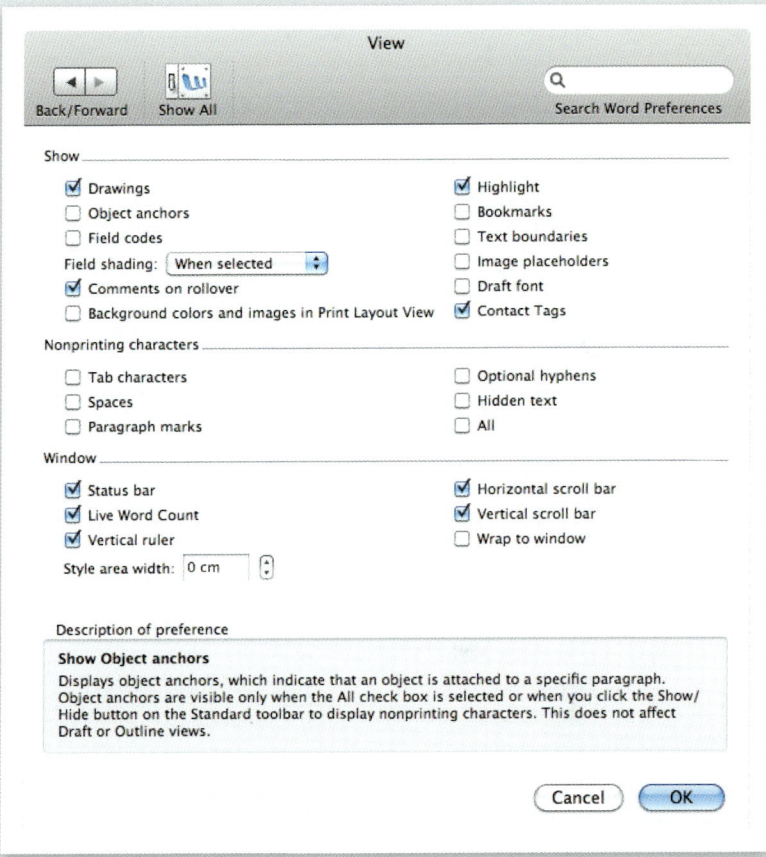

주류 사용자들은 옵션이나
환경설정을 건드리는 일을
부담스러워 한다

옵션 하나도 많은 경우

단 하나의 옵션도 많을 때가 있다. 예전에 한 여행 사이트의 특별 기획 섹션에 대한 사용자 테스트를 지켜본 적이 있다. 참가자에게 휴가 예약을 하게 했다. 참가자들은 쉽게 원하는 날짜를 찾았고 결정했다고 말했다. 하지만 예약 버튼 옆에 '다른 조건으로 검색' 버튼이 있었다. 다들 이걸 그냥 넘어가지 못했다. 참가자들이 예약을 막 하려고 할 때마다 꼭 이 버튼을 눌렀다. 아무도 휴가 예약을 하지 못했다.

우리는 선택을 확신하지 못하는 사람들에게 이 링크가 도움이 될 거라고 생각했지만, 이 링크는 예약을 끝내려는 모든 이의 확신을 무너뜨렸다.

사용자들에게 선택을 제공할 때는 지나치게 많은 옵션으로 사용자를 지치게 하거나 결정에 대한 확신을 갉아먹지는 않는지 주의깊게 생각해보자.

아마존Amazon이나 베스트 바이Best Buy와 같은 대규모 사이트의 온라인 결제 화면을 한번 살펴보자. 결제는 사용자가 살지 버릴지 결정을 내리는 부분이다. 조금이라도 미심쩍은 부분이 있을 경우 사용자들의 구매 의지가 저하된다는 것을 이들은 알고 있다. 그래서 다른 모든 페이지의 상단과 하단에 있는 내비게이션 링크를 결제 부분에서는 모두 없앴다.

대부분의 고객은 이런 사실을 모를 거라고 생각한다. 이 페이지에 오면 다들 입력란을 채우느라 바쁘기 때문이다. 하지만 이 링크들을 다시 넣을 경우 고객은 링크를 클릭할 것이고 판매는 물 건너 갈 것이라는 사실을 이 사이트들은 알고 있다. 이런 일이 어쩐지 부정하다고 느껴진다면, 끊임없이 웹사이트와 결제 페이지를 오가며 망설이느라 시간을 낭비하는 것이 고객에게 이익이 되는 일인지 생각해보라.

주류들은 '적당히 괜찮게, 빨리'를, 전문가들은 '시간이 걸리더라도 완벽하게'를 원한다는 것을 기억하자. 주류가 사랑하는 단순한 경험을 디자인하려고 한다면, 지금 제공하려는 옵션들이 완벽함을 위해 속도와 단순함을 희생시키는 것이 아닌지 스스로 물어보자. "그렇다"는 대답이 나온다면 옵션을 없애자.

기획 의도

[다른 옵션 보기]   [바로 구매하기]

사용자가 볼 때

[다른 것을 선택할 수 있음]   [취소 불가능함]

오류

작은 오류라도 사용자들의 부담을 가중시킬 수 있다. 오류는 사용자 경험을 단순화할 수 있는 기회다.

몇 년 전 어느 온라인 뱅킹 사이트의 예금 계좌 조회 화면을 기획해달라는 부탁을 받았다. 은행 측에서는 '친근한, 가까이 있는, 심플한'이라는 은행의 브랜드 가치에 걸맞는 서비스를 원했다.

예금 화면에는 예금 내역을 선택할 수 있는 곳이 있었다. 사용자는 두개의 드롭다운 메뉴에서 예금 내역의 연도와 월을 선택하고 'Go'를 눌렀다. 그 정도면 꽤 단순해보였다. 하지만 이 장치는 두 가지의 오류 메시지를 만들어낼 수 있다. 미래의 날짜를 선택하면 오류 메시지가 뜨는데, 사실상 사용자의 어리석음을 탓하는 의미의 메시지다. 1년 이전의 날짜를 선택하면 예금 내역서를 일년 동안만 보관하므로 다시 선택하라고 한다. 둘 다 급한 경우 쉽게 저지를 수 있는 실수인데 오류 메시지들은 특별히 친근하거나, 가까이 있거나, 심플하지 못했다.

사용자가 해야 할 일은 지난 일 년 동안의 열두 개 은행 내역서 중 하나를 선택하는 것 뿐인데 날짜를 입력하게 한 것이 문제였다. 나는 두 개의 날짜 선택 목록을 선택할 수 있는 내역서가 들어있는 하나의 드롭다운 목록으로 바꿨다.

새로운 디자인에서 사용자는 자신이 선택할 수 있는 것 중에서만 선택을 하면 되고, 오류 메시지를 만들 필요가 없었다. 이로 인해 시스템의 유지보수 역시 단순해졌다.

사용자가 오류를 정정해야만 할 때마다 사용자의 집중이 깨지고 결국 사용 경험은 좀더 복잡하게 느껴진다. 디자이너들은 사용자를 방해하면서("정말 이렇게 하겠습니까?") 오류를 방지하려고 하지만, 어떤 면에서 이런 접근법은 실수 여부에 상관없이 모든 사람을 방해하기 때문에 더 좋지 않다.

사용자 경험을 단순화할 때 오류 메시지가 필요한 곳이 어디인지 살펴보거나 오류 로그에서 자주 뜨는 오류 메시지가 무엇인지 확인하는 단계는 필수적이다.

오류가 발생할 수 있는 원인을 제거하는 것은 경험을 단순화할 수 있는 중요한 방법이다.

연도를 바꾸는 것을 잊어버릴 경우 실수로 다음 달의 예금 내역서를 선택할 수도 있다. 변경된 인터페이스에서는 단순히 선택할 수 있는 예금 내역서의 목록을 보여준다.

개선 전

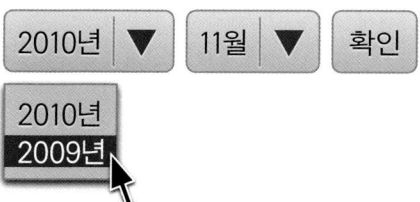

개선 후

시각적 산만함

시각적인 산만함을 없애면 처리해야 할 정보가 더 적어지므로 페이지에서 중요한 부분에 집중할 수 있다. 나는 사용자들이 마음에 드는 인터페이스를 가리켜 '깨끗한', 즉 방해물이 없는 것으로 묘사하는 것을 종종 봐왔다.

디자이너인 에드워드 터프티(Edward Tufte)는 '데이터 대 잉크 비율'을 가능한 한 높여야 한다고 얘기한다. 다른 말로 하면 잉크(픽셀)가 컨텐트가 아닌 것이나 컨텐트를 반복하는 데 낭비되어서는 안 된다는 것이다. 그래서 그는 그래프에서 보조선을 없애고 축과 지그재그 모양의 그래프 자체만 남긴다. 보조선이 그래프의 모양—중요한 데이터—로부터 독자의 주의를 빼앗는다는 것이다.

산만함을 없애는 과정은 단순하다. 디자인 요소들을 하나씩 살펴보고 그것이 왜 필요한지 질문을 한다. 없어서는 안 되는 정보이거나 고객 지원을 위해 필요한 것인가? 그 요소를 없애본다. 제대로 돌아가지 않는다면 다시 집어넣는다.

다음은 시각적인 산만함을 줄이는 좋은 방법들이다.

- 선을 사용해 페이지의 구역을 나누는 대신 흰 공백이나 옅은 배경색을 사용한다. 왜냐고? 선은 전경으로 튀어나오기 때문에 배경에 가라앉아 있는 색이나 흰 공백보다 더 주의를 끌게 된다.
- 강조는 최소한으로 한다. 굵은 글씨로만 해도 될 것을 굵고 크고 빨간 글씨로 하지는 말자.
- 가늘고 옅은색 선으로 해도 될 것을 굵고 진한 색 선으로 하지 말자.
- 정보의 단계에 제한을 둔다. 한 페이지에 2-3단계 이상의 정보가 있으면 사용자는 혼란스러워 한다. 예를 들어 폰트의 수와 크기, 무게에 제한을 둔다. 말하자면 제목, 부제목, 본문 등 총 두세 가지 단계만을 유지하도록 노력한다.
- 요소의 크기 변화에도 제한을 둔다. 예컨대 온라인 뉴스 표지를 디자인한다면, 큰 덩어리의 주요 기사 하나와 중요성이 떨어지는 다섯 개의 작은 덩어리를 사용하는 것이 각각 다른 크기의 여섯 개의 덩어리를 사용하는 것보다 낫다.
- 요소들의 모양 변화에도 제한을 둔다. 서너 가지 스타일의 버튼을 쓰지 말고 하나의 버튼 스타일을 지킨다.

한 화면에서 얼마나 많은 장애물을 없앨 수 있는지 알면 놀랄 것이다.

개선 전

개선 후

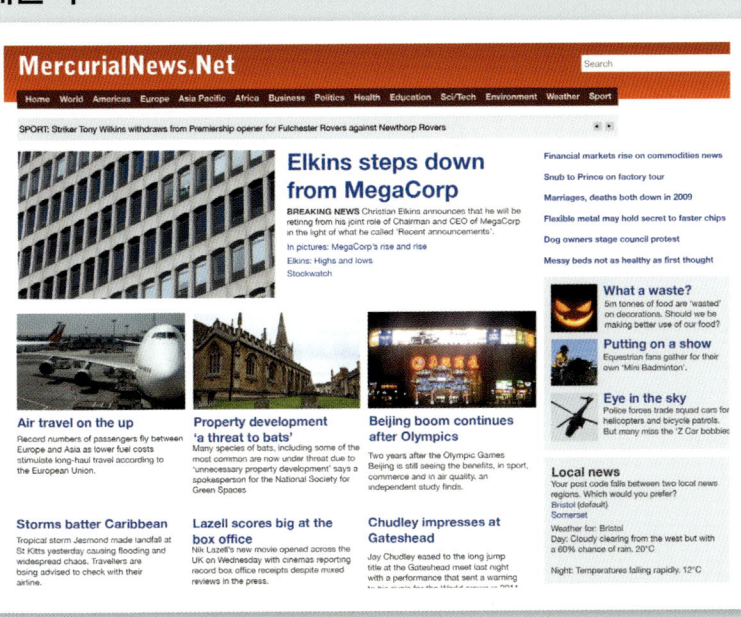

단어 수 줄이기

그 많은 웹페이지가 아무도 읽지 않는 단어들로 가득 차 있는 이유가 무엇일까? 그것은 아마도, 종이와는 달리 웹페이지는 언제나 더 많은 텍스트를 넣을 수 있고, 한두 문단을, 아니 그 이상을 더 넣는다 해도 추가 비용이 들지 않기 때문일 것이다.

덧붙인 텍스트는 낭비인 경우가 많다. 사용자는 노예처럼 모든 단어를 읽어 내려가지 않는다. 사용자의 눈은 페이지를 훑으며 눈에 띄는 키워드나 문장을 골라낸다. 텍스트를 줄이는 데는 다음과 같은 세 가지 이점이 있다.

- 중요한 것이 눈에 띄게 한다.
- 화면을 해석하는 데 드는 노력을 줄여준다.
- 내용을 이해했다는 확신이 좀 더 커진다.

텍스트를 줄이려고 한다면 다음과 같은 곳을 살펴보는 게 좋다.

소개말은 생략한다. 홈페이지나 기사의 머릿글은 아무 의미도 없는 경우가 많다("웹사이트 방문을 환영하며, ……하시기 바랍니다"). 허물없이 환영하는 것처럼 들리지 않고 독자들로 하여금 무슨 말을 하려는 것인지 의아해하게 만든다. 소개를 없애고 바로 시작하자.

불필요한 도움말을 삭제한다. 중복이거나 완전히 없애버려도 되는 경우가 대부분이다. "입력란에 기입하고 '전송' 버튼을 눌러 신청해주세요." 등의 글은 없애자. 페이지 제목('신청 양식')과 페이지 내용(입력란)이면 무엇을 해야 하는지 알려주기에 충분하다.

설명을 단순화한다. 링크 밑에 설명이 붙어있는 경우가 있다. 어떤 사람은 이 링크가 이렇게 불리기를 기대하고, 다른 사람들은 다른 것으로 불리기를 기대하는 경우에는 유용할 수도 있다. 하지만 많은 경우 설명은 중복되는 텍스트의 또 다른 원천이다. "내게 맞는 제품 찾기: 간단한 질문에 대답하면 여러분에게 맞는 제품을 찾아드립니다."를 '내게 맞는 제품 찾기'로 바꾸면, 전체 14개 단어 중 12개의 단어를 줄일 수 있다.

설명이 들어있는 링크를 사용한다. 어디로 이동하는지를 제목에 정확히 나와있는데 그 아래 '여기를 누르세요'나 '더보기' 등을 쓰는 경우가 있다. 헤드라인 자체에 링크를 걸어 페이지를 단순화한다.

> "페이지마다 단어 수를 절반으로 줄이고, 남은 것에서 또 절반을 없애라."
> —스티브 크룩Steve Krug 『상식이 통하는 웹사이트가 성공한다』(대웅, 2006년) 중에서 '사용성에 관한 세 번째 원칙'

불필요한 설명을 피하자

단순한 문장 만들기

거의 모든 문장을 단순화할 수 있고 거의 모든 텍스트를 잘라낼 수 있다. 『산문 교정 Revising Prose』에서 리처드 래넘Richard Lanham은 장황한 글을 짧고 간결한 문장으로 바꾸는 간단한 방법을 보여준다.

- 조사(의, 에서, 로, 한테, 에게)에 동그라미를 친다. 이들은 문장에서 활기를 앗아 가므로 없애는 것이 좋다.
- 진행형의 '……하는 중'이나 '……하고 있다'('시간이 걸리고 있다')에 동그라미를 치고 가능하면 다른 것('시간이 걸린다')으로 바꾼다.
- 수동태('이 프로젝트에 시간이 요구된다')를 능동태('이 프로젝트는 시간이 필요하다')로 바꾼다.
- 질질 끄는 말('다음과 같은 점은 누구든 쉽게 알 수 있는 것으로서 ……')을 없애고 바로 본론으로 들어간다.
- 중복되는 말을 없앤다. '매 시간마다'에서 '매'와 '마다'가 같은 뜻이므로 '매 시간'이라고 쓴다.

이런 규칙들을 적용하면 글이 좀더 명확하고, 더 설득력 있고, 더 짧아진다.

예를 들어

- 맥과 윈도우 운영체제용의 크롬도 지원되지만, 가능한 한 최상의 결과를 얻기 위해 본 사이트의 모든 사용자에게 가장 최근 버전의 파이어폭스 웹 브라우저 사용이 권장됨을 숙지하시기 바랍니다. (26단어)

단순화된 버전

- 최상의 결과를 위해 최신 버전의 파이어폭스를 사용하시기 바랍니다. 맥과 윈도우용 크롬도 지원됩니다. (12단어)

래넘의 규칙을 써서 문장을 길게 늘이는 단어들을 없애보자.

DDB UK가 제작한 영국 내 폭스바겐 광고는 얼마나 많은 단어를 잘라낼 수 있는지 보여준다.

volkswagen.co.uk/efficiency

~~Our~~ BlueMotion ~~range combines lighter materials, enhanced aerodynamics, economical engines and tyres that create less friction, which~~ saves you ~~fuel and can reduce your tax, which means you will have more~~ money.

BLUEMOTION
— TECHNOLOGIES —

Another example of ~~Volkswagen~~ efficiency.

Das Auto.

지나치게 없앤 경우

도쿄의 애플 스토어에 가면 유리로 지어 애플의 트레이드 마크인 무광 알미늄으로 마감한 독특한 엘리베이터를 볼 수 있다. 이 엘리베이터가 보통의 엘리베이터와 다른 점은 버튼이 없다는 것이다.

엘리베이터를 부르기 위한 버튼도, 엘리베이터 안의 버튼도 없다. 승강기가 애플 스토어의 네 개 층을 오가며 모든 층에 선다.

애플은 엘리베이터의 핵심—사람을 이 층에서 저 층으로 데려다주는 승강기—만을 남기고 모든 것을 없앴다. 하지만 단순하게 느껴지는 대신 뭔가 잘못됐다는 느낌이 든다. 이 엘리베이터는 사람을 불안정하고, 좌절스럽고, 걱정스럽게 만든다. 내가 원하는 층에 정지할까? 타거나 내리는 사람도 없는데 왜 정지할까?

애플은 결정적인 요인, 제어를 없앤 것이다.

제어하고 있다는 느낌(엘리베이터를 부르고 층을 지정하는 버튼)이나 눈에 보이는 사람이 제어하고 있다는 느낌(엘리베이터 앞에 서서 여러분이 가려는 층의 버튼을 눌러 주는 사람) 느낌, 그리고 엘리베이터가 작동하고 있다는 피드백(누르면 빛이 나는 버튼)이 없다면, 할 수 있는 것은 기계에 자신을 맡기고 제대로 도착하기를 바라는 것뿐이다.

버튼이 없는 엘리베이터에서 사람들은 걱정하느라 시간과 주의력을 낭비한다. 제어 기능을 모두 없앤다고 해서 경험이 단순해지는 것이 아니라, 오히려 복잡해진다.

비행기 안에서 화면에 나오는 비행 지도를 보고 정보를 얻으려고 했을 때 똑같은 문제에 부딪혔다. 세계 지도와 지역 지도가 번갈아 나오는데 엄청나게 느리게 바뀌었다. 기다리는 동안 아무것도 할 수 없어서 기다림이 더 길게 느껴졌다.

사람들은 제어하고 있다는 느낌을 필요로 한다. 사람들은 승객이 되기보다 파일럿이 되고 싶어 한다. 행운이나 숨은 힘에 좌우될 경우 사람들은 걱정한 나머지 스스로 제어하고 있다는 느낌을 되찾기 위해 보도 블럭의 금을 밟지 않는다거나 '행운의' 셔츠를 입는 등 미신에 사로잡힌 행동을 만들어내곤 한다.

사람들에게 결과물을 제어할 수 있는 능력을 주는 것이 핵심이다. 다른 말로 하면 사람들의 기본적인 니즈가 충족되지 않을까봐 걱정을 하지 않을 만큼, 그리고 불필요한 결정들(엘리베이터가 얼마나 빨리 움직여야 할까? 문이 얼마나 오래 열려 있어야 할까?)을 하느라 시간을 낭비하지 않을 만큼의 제어권을 주라는 것이다.

이 엘리베이터에는 버튼이 없다.
하지만 사람들은 승객보다
파일럿이 되고 싶어 한다

하면 된다

대규모 조직 내의 팀에서 컨텐트나 기능들을 없애 이례적으로 단순한 웹사이트를 만들자고 이해관계자를 설득할 수 있을까?

"예전의 홈페이지는 한마디로 광고판이었다."고 매리어트Marriott의 2009년 홈페이지 리뉴얼 당시 프로젝트 매니저였던 프랜 대틸로Fran Dattilo는 말한다. "모두들 '쓸데없는 게 너무 많다, 바꿔야 한다.'고 말하면서 자기네 것은 그대로 둬야 한다고 생각했다."

사용자 테스트에서 매리어트의 홈페이지는 기존 사용자만을 위한 것으로 드러났다. 자주 방문하는 고객은 문제 없이 쓸 수 있지만 새로운 방문자들은 길을 잃고 혼란에 빠졌다. 리뉴얼을 융통성 있게 해야 했지만, UX팀은 제어 불가능한 괴물을 만들어냈다는 것을 깨달았다. 이들은 일부러 융통성 없는 화면을 만들기 시작했다.

컨텐트 영역은 줄어들었고 특집 기사는 단 하나, 카드 형식으로 돌아가는 메뉴 중 가장 위에 있는 것뿐이었다. 이로 인해 홈 페이지의 링크 수는 77개에서 43개로 줄어, 산만함이 대폭 사라졌다.

회사측을 설득하기 위해 UX팀은 근거 자료를 수집했다. 새로운 홈페이지는 매리어트가 지금까지 런칭한 디자인 중에서 가장 많은 테스트를 거쳤고, 현장에서 수집한 데이터에 기반한 것이었다. "우리는 주요 이해관계자들을 다시 찾아갔고, 어떤 링크가 일 년에 겨우 500번의 클릭밖에 발생하지 않는다는 것과, 새로운 디자인이 미국뿐만 아니라 중국에서도 성공적이었다는 것을 이야기할 수 있었다."

그럼에도 런칭은 스트레스였다고 매리어트의 사용자 경험 디렉터인 마리아나 캐벌캔티Mariana Cavalcanti는 회상한다. "사이트 런칭을 보러 새벽 세시 반에 출근을 했다. 런칭 초기에 예약율이 10에서 15퍼센트 정도 하락할 거라고 회사측에 얘기해뒀다. 이 점은 중요했으니까. 하지만 예약율은 그대로였다. 만족도가 떨어진 것은 사실이다. 기존 고객들은 변화의 필요를 느끼지 않았다. 하지만 넉 달 후 만족도는 이전보다 높아졌다. 게시판에 유사한 브랜드들과 매리어트를 비교하는 코멘트들이 아직도 많이 올라온다. 우리 때문에 다른 사이트가 볼품 없어진 것이다."

단순한 디자인이 한 사람의 통찰력있는 디자이너, 즉 '무자비한' 혹은 '타협하지 않는', 혁신가의 작품으로 일컬어지는 경우도 종종 있다. 하지만 우리는 대부분 수많은 정치적인 타협이 이루어지는 조직 내에서 일한다. 매리어트의 사례는 비전을 공유하고, 주류 사용자에 집중하고, 철저한 리서치에 기반한 디자인을 통해 단순화를 이룰 수 있다는 것을 보여준다.

개선 전

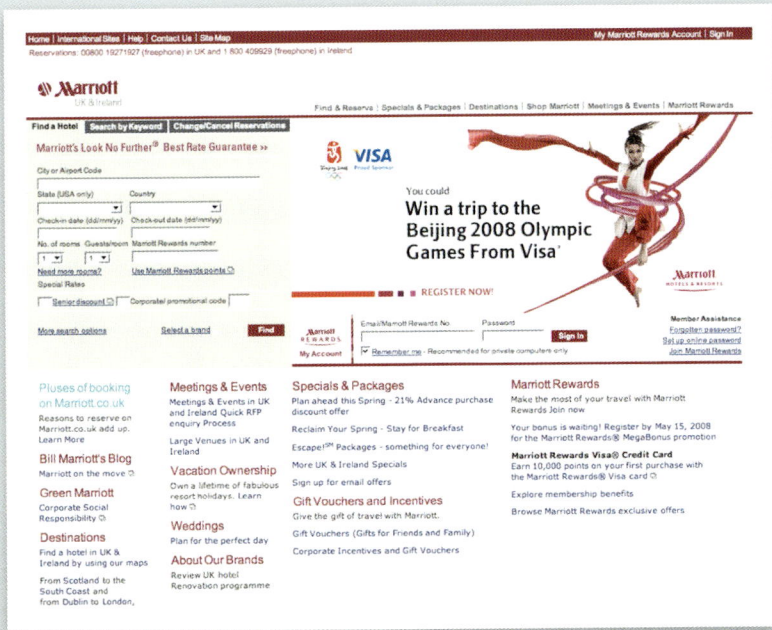

개선 후

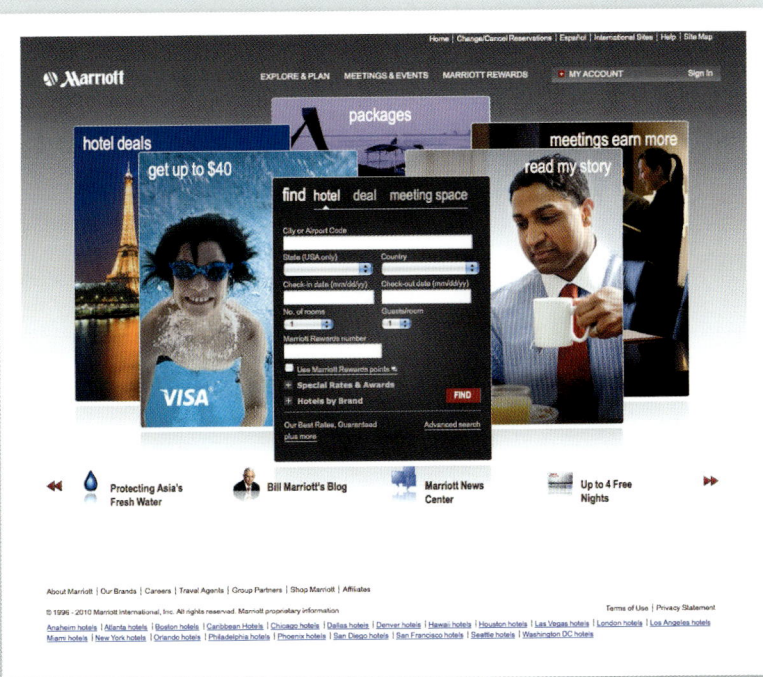

중점

'제거'의 전략은 주의를 흩뜨리는 것을 없앰으로써 프로젝트의 중점을 명확히 하는 것이다.

- 사용자에게 가치있는 것에 중점을 둔다. 이는 사용자의 핵심 경험을 만들어내는 기능에 집중하는 것을 의미한다. 이는 또한 사용자의 불만을 제거하고 불안감을 해소해주는 기능을 제공하는 것을 의미한다.
- 시시한 기능이나 부적절한 부가기능들, 흥미를 끌기 위한 것들을 없애고 가치를 제공하는 데 자원을 집중한다.
- 사용자가 목표를 이룰 수 있게 하는 데 집중하라. 과정에 집착하다 보면 디테일에 갇혀 꼼짝 못하게 된다.
- 조금씩 작업 속도를 느리게 하고 사용자의 부담을 가중시키는 산만한 것들, 오류 메시지, 부적절한 텍스트, 불필요한 선택 항목들, 시각적인 산만함을 제거하자.

인내심과 근거 삼을 데이터가 있다면 대부분 프로젝트의 중심을 잡을 수 있다. 정치적인 것이 문제라면 작은 성취들을 쌓아나가거나 테스트를 통한 근거를 사용함으로써 극복할 수 있다. 오래된 기술이나 시스템 호환성의 문제 역시 (느리지만) 시간을 통해 극복할 수 있다. 하지만 몇 가지 예외가 있다.

법적으로 특정 문구나 정보를 꼭 넣어야 할 때도 있다. 금융 서비스와 의료법에서 이런 특정 문구들이 사용되는데, 대중에게 의미가 있어서가 아니라 입법자들에게 의미가 있기 때문이다. 하지만 법률 역시 바뀔 수 있다. 호주의 데이빗 슬레스David Sless는 입법자들로 하여금 길고 혼란스런 설명을 요구하기보다 소비자들이 문구들을 이해할 수 있도록 집중하게 하는 데 성공했다.

디자인이 더 큰 시스템의 한 부분이기 때문에 제거 전략을 쓸 수 없는 경우도 있다. DVD 리모콘이 이런 경우다. 예를 들어 시중에 리모콘의 숫자 키패드를 이용하는 수백만 대의 DVD가 유통되고 있다. 이걸 없앤다는 것은 이미 그런 DVD를 구매한 모든 사람들의 사용자 경험을 무너뜨릴 위험을 감수하는 것이다.

> 세상이 바뀌는 것을 기다리기보다는 덜 급진적이고 더 빠르게 구현할 수 있는 단순화의 방법들을 써보자.

쓸데없는 부분을 제거하면
사용자는 중요한 부분에
집중할 수 있다

5장

조직화

조직화

조직화는 훌륭한 단순화 전략이다. DVD 리모콘을 단순화하라고 하면 사람들이 이 방법을 가장 많이 쓰는 것 같다. 이 방법은 대체로 비용이 적게 든다. DVD 리모콘의 버튼 레이아웃이나 이름을 바꾸는 일은 비용도 적게 들 뿐 아니라, 앞서 말한 제거에서와 같이 어려운 결정을 내릴 일도 많지 않다.

인터페이스를 조직화할 때 크기, 색, 위치, 모양, 계층 등 수많은 방법을 사용할 수 있다. 하지만 이런 방법들은 제한적으로 사용해야 한다. 지난 몇 년간 보아온 DVD 리모콘 중 어떤 것들은 컬러를 너무 많이 써서 스키틀즈로 만들었나 싶을 정도다.

단순함을 위한 조직화에서는 중요한 것 한두 가지만을 강조해야 한다는 점이 중요하다. 단순한 조직 구조는 그 자체로 주목을 끌지 않고, 사용자로 하여금 그들이 하고 있는 것에 집중하게 만든다.

가장 좋은 DVD 리모콘 디자인은 시작점(전원 스위치)과 가장 많이 사용되는 버튼(재생, 일시정지, 정지)을 강조한다.

플립 역시 좋은 사례다. 9개의 버튼 중 단 하나(녹화)만이 분명하게 강조되어 있다. 디자인이 일종의 대화라면, 도입부가 항상 제일 어려운 법이다. 플립은 그 대화를 어디서 어떻게 시작해야 하는지 제대로 알고 있다.

조직화는
사물을 단순하게 만드는
가장 빠른 방법일 수 있다

덩어리로 나누기

DVD 리모콘의 버튼을 좀더 간편하게 만드는 방법 중 하나는 버튼들을 여러 덩어리로 나누는 것이다.

덩어리를 나누는 방법은 사용자 인터페이스 디자인의 전반에 걸쳐 사용된다. 마이크로소프트 워드에는 수백 가지의 기능이 있다. 이들은 이해하기 쉽게 아홉개 정도의 메뉴로 나뉘어 있다. 각 메뉴마다 수십 개의 명령이 들어있는데, 이 역시 한눈에 보기 힘들기 때문에 다시 여러 덩어리로 나뉜다. 메뉴를 클릭하면 대화상자가 뜨고 그 안에 더 많은 기능이 들어있는 경우도 있다. 수많은 기능 목록이 계층 구조 안에 이해하기 쉬운 여러개의 덩어리로 나뉘어 있다.

여러 항목을 그룹으로 나눌 때 적당한 수는 '7 플러스 마이너스 2'라는 오래된 법칙이 있다. 이는 이론적으로 사람의 뇌가 단기 기억 장소에 저장할 수 있는 개수다. 열 개의 항목이 들어있는 목록을 읽어 내려간다면 마지막에 이르렀을 때 그 중 한두 개를 잊어버리게 마련이다.

현대의 많은 심리학자들이 사람의 단기 기억력이 그보다도 더 작은 수를, 아마도 네 개 정도를 기억할 수 있다고 한다. 하지만 '7 플러스 마이너스 2' 법칙은 일리가 있고, 아직도 통용되고 있다. 이 숫자가 아마도 사람들이 대처할 수 있는 숫자인 것 같다. 사용자에게 어떤 항목들을 여러 덩어리로 나누라고 하면 대개 6-7개 정도의 그룹이 나온다.

사용자가 선택할 수 있는 옵션을 그보다 더 작은 덩어리로 나누지 말라는 법은 없다. 나는 항상 주류 사용자들에게 단순하게 느껴지는 최소한의 덩어리만을 사용하려고 노력한다. 덩어리의 수가 작으면 선택의 여지도 적어지고 사용자의 부담도 줄어든다.

항상 덩어리를 나누어야 하는 것은 아니다. 사용자가 긴 알파벳 순 목록이나 타임라인에서 항목을 찾아야 하는 경우, 목록을 6-7개로 나누는 것은 의미가 없다. 이럴 때는 알파벳이나 시간을 표시해주면 사용자가 쉽게 원하는 곳으로 이동할 수 있지만, 사용자가 연속적인 목록이나 등급 안에서 하나의 항목을 찾기보다 여러 가지 가능성을 평가해야 할 경우에는 덩어리를 나누는 것이 가장 효과적이다.

한입 크기의 덩어리로
나눈다

행동에 따른 조직화

사용자가 가장 먼저 갖는 의문은 "이것으로 뭘 할 수 있나?"일 것이다. 고로 조직화의 첫 번째 포인트는 사용자의 행동을, 그들이 무엇을 하고 싶어하고 어떤 순서로 그것을 하고 싶어 하는지를 이해하는 것이다.

온라인 슈퍼마켓에서 사용자는 구매하려는 항목을 찾고, 쇼핑카트에 담고, 배송일을 지정하고, 값을 치러야 한다. 이 사이트는 크게 이런 덩어리로 나누면 된다.

사람들은 물건을 선택하는 것이 쇼핑의 시작이라고 생각한다. 이는 쇼핑이라는 과업에서 가장 시간이 많이 걸리는 부분이기도 하므로, 이 부분이 가장 눈에 띄어야 한다.

사람들은 대개 특정한 순서대로 일이 진행될 것이라고 생각한다. 이 순서를 벗어나면 혼란스러워하고 좌절한다. 흔히 문제가 되는 것이 회원 가입 과정과 가입 확인이다. 제거가 불가능하다면 뒤로 미뤄보자. 미룰 수 없다면 최소화해보자. 사용자가 기대하는 일의 순서가 무엇인지 알아내고 그 패턴에서 벗어나지 않도록, 할 수 있는 모든 노력을 다하자.

사용자가 웹사이트에서 하는 일이 ('의사'와 '환자'처럼) 확연히 구분되는 경우, 사이트의 첫 단계를 거기서 시작하는 것도 좋다.

문제는 사용자의 과업이 비슷하거나 겹치는 경우가 많다는 것이다. 회사 웹사이트에서 언론인을 위한 정보를 제공한다면, 기업의 배경 정보와 보도 자료, 신제품 정보, 보도 사진, 연보, 직원 소개 등을 제공해야 할 것이다. 재무 분석가들 역시 거의 동일한 정보를 원한다. 독특한 사용자가 없다면 굳이 사용자에 따라 레이블을 붙이지 않는 것이 좋다.

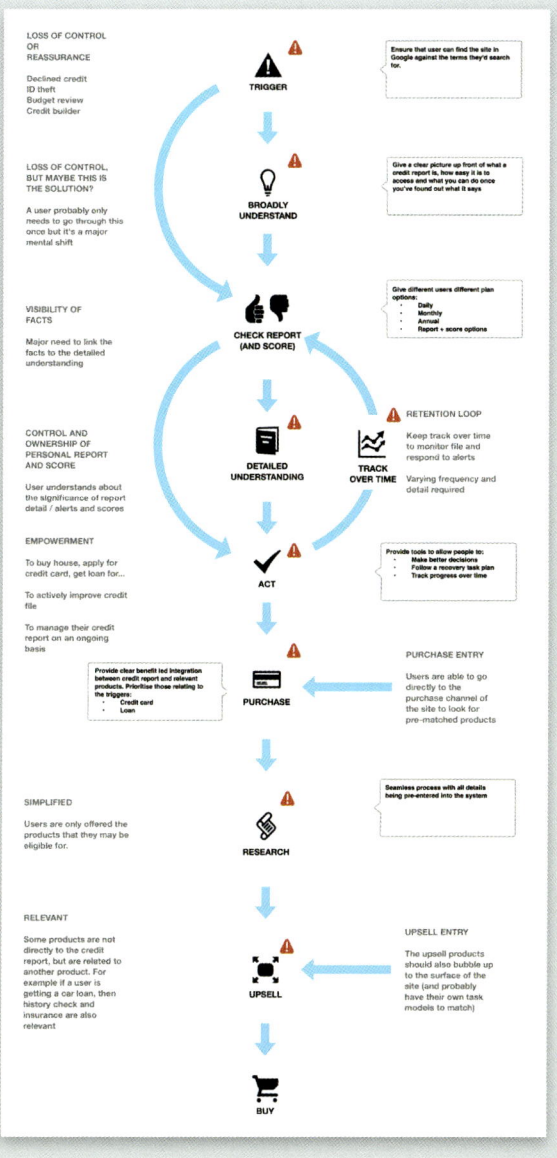

사용자의 행동을 매핑하면 소프트웨어를 어떻게 조직화할지 알 수 있다

명확히 구분되는 카테고리

동등한 항목들(온라인 서점의 책 등)을 조직화할 때 명확히 구분되는 카테고리를 선택하고 사용자가 공감할 수 있는 레이블을 붙인다.

내가 푸조^{Peugeot} 웹사이트 일을 처음 시작했을 당시 각 자동차에 대한 정보는 기능(표준에 따라), 옵션(딜러에 따라), 액세서리(고객 선택에 따라)로 나뉘어 있었다.

회사측의 입장에서는 완벽히 이치에 맞는 것이었지만, CD 플레이어나 자동 사이드미러, 오토매틱 기어박스를 그 카테고리 안에 집어넣어 보라고 하니 다들 의견이 분분했다.

기능, 옵션, 액세서리 같은 카테고리들은 어떤 것이 표준인지 아닌지를 암시하고 있는데, 이것은 오로지 내부인만이 알 수 있는 것이다. 품질에 의해 항목을 분류할 경우 종종 이런 종류의 문제에 부딪히게 된다. 관점에 따라 사용자마다 다른 선택을 하기 때문이다.

정보를 조직화하는 또다른 방법으로 유형—편의 기능, 기술, 스토리지 등—에 따라 나누는 방법이 있다. 하지만 이런 카테고리 역시 사용자의 관점에 따라 다르게 받아들여진다. 어떤 고객에게는 온도 조절 기능이 기술에 속하지만, 다른 사람들에게는 편의 기능에 속한다.

단순한 분류 체계는 경계가 명확하므로—하드 에지$^{hard\ edge}$—사용자가 원하는 것을 어디서 찾아야 하는지 정확히 알 수 있다. 사용자 몇몇에게 항목들을 카테고리 안에 넣어보라고 하자. 사용자마다 다른 대답이 나오거나 쉽게 결정을 못한다면 문제가 있는 것이다.

자동차는 실재하는 사물이므로, 나는 자동차의 레이아웃—인테리어, 외관, 성능—을 이용해 정보를 조직화하기로 했다. 고객들은 모두 CD 플레이어와 자동 사이드미러, 오토매틱 기어박스가 어디에 속하는지 알 수 있었다.

두 개의 카테고리에 모두 속하는 것도 있을 수 있다. 중복이 너무 많으면 혼란스럽지만, 불가피한 경우가 있다. 토마토는 채소지만 수퍼마켓에서는 대개 과일 코너에 있으므로 양쪽 카테고리에 모두 들어가야 한다. 중복을 최소화하는 방법이야말로 가장 단순한 카테고리 분류법이다.

Features

Options

Accessories

좋은 카테고리는
경계가 명확하다

알파벳과 포맷

오래된 농담 중에 이런 것이 있다. '끝'이 '시작'보다 먼저 나오는 곳은?
답은 사전이다.

어떤 목록을 알파벳 순서로 정렬하면 항목들이 뒤죽박죽이 된다. 그래서 알파벳 순서의 목록이 단순해보이는 반면, 쓰기 어려운 경우가 종종 있다. 사용자가 찾으려는 것의 정확한 이름을 모르면 찾을 수가 없다. 찾으려는 것이 재킷인가, 스포츠용 코트인가? 마케팅 부서 사람과 얘기하고 싶은가, 영업·마케팅 부서 사람과 얘기하고 싶은가? 알파벳 순서의 목록은 색인이나 고유명사일 경우, 즉 어떤 것을 일컫는 '정확한' 단어가 있는 경우—성이나 국가 등—에 적절하다. 그렇지 않다면 대개 더 나은 방법이 있게 마련이다.

컨텐트를 포맷(단어, 사진, 동영상)에 따라 배열하는 것 역시 단순해 보이지만 실제로는 그다지 도움이 되지 않는 카테고리 분류 방식 중 하나다. 하와이에 대한 자료를 읽고 있다면 그때 그자리에서 사진과 동영상을 같이 보고 싶을 것이다. 처음으로 되돌아가서 동영상을 찾아야 한다면 매우 귀찮을 것이다.

내가 접했던 사례들 중 포맷에 따른 컨텐트 분류가 유용했던 단 한 가지 경우는 어떤 컨퍼런스 프로그램이었는데, 여기서는 사용 설명서 같은 특정 포맷의 경우 별도의 등록 과정이 필요했다. 다른 말로 하면 어떤 포맷의 경우 참가자들이 사용하는 방식이 달랐다. 하지만 이런 것은 예외적인 경우다. 컨퍼런스 정보는 대개 시간에 따라 분류하는 방식이 가장 단순하다.

알파벳 순서로 정렬하면
항목이 뒤죽박죽 되어버린다

검색

검색과 단순함을 둘러싸고 널리 퍼져있는 통념이 한두 가지 있다.

첫째, 어떤 사용자들은 브라우징보다 검색이 더 쉽다고 느끼며, 어떤 경우든 검색을 더 선호하는 사람들이 따로 있다는 믿음이다. 그럴 듯한 얘기다. 하지만 제어드 스풀Jared Spool이 30명의 사용자에게 120가지가 넘는 쇼핑 관련 과업들을 테스트했을 때, 항상 검색만을 선호하는 사용자는 한 사람도 없었다.

그보다 그는 사용자들이 웹사이트에 쓸 만해 보이는 링크가 없을 때 검색을 한다는 것을 발견했다. 정확한 검색어를 생각해내고, 입력을 하고, 도움이 될 만한 검색 결과를 골라내는 데 드는 노력을 따져볼 때 이는 그리 놀라운 일이 아니다. 원하는 곳으로 데려가 줄 것 같은 링크를 클릭하는 쪽이 훨씬 쉽다. 브라우징에는 정신적 노력이 덜 든다. 대부분의 사람들은 지나치게 많은 생각을 해야 하는 쪽으로는 가지 않는다.

한 가지 예외가 있다면 아주 많은 수의 비슷한 항목 중에서 특정한 하나, 예컨대 아이튠즈의 수백만 개나 되는 곡 중 특정한 한 곡을 골라야 할 때다. 이런 상황에서 사람들은 검색을 한다. 이런 경우에는 브라우징이 검색보다 골치 아프다.

브라우징의 숨겨진 장점 중 하나는, 사람들이 웹사이트의 주요 링크나 인터페이스를 살펴보면서 이 소프트웨어로 무엇을 할 수 있는지 알게 된다는 것이다. 인터페이스 자체로 설명이 되는데 소개나 도움말이 굳이 필요할까?

또 하나의 통념은 검색 기능을 기획하는 것이 컨텐트 링크를 조직화하는 일보다 쉽다는 믿음이다. 아마도 구글 같은 사이트에서 검색이 엄청나게 쉬워보이게 만들었기 때문에 사람들이 쉽게 생각하는 것 같다. 내 경험에 비추어볼 때 단순한 검색 인터페이스를 만드는 게 더 어렵다. 사용자가 입력한 검색어의 오자나 동의어를 고려해야 하고, 검색 결과 자체도 조직화되어야 한다. 구글의 검색 결과 페이지를 살펴보면 검색 결과 컨텐트에 맞게 정교하게 고안된 레이아웃을 볼 수 있다.

단순한 사용자 경험을 디자인할 때, 대부분의 경우 기본적인 조직화에서 시작해 검색 기획으로 나아가는 것이 최선이다.

시간과 공간

시간 순으로 사건을 나열하는 것은 단순하면서도 강력하다. 각 사건의 길이가 비슷비슷해서 사용자가 시간표나 달력을 자주 확대 축소할 필요가 없을 경우 이 방법을 쓰면 가장 좋다. 동일한 컨텐트를 다른 방식으로(컨퍼런스 주제 등에 따라) 나열할 수도 있겠지만 시간에 따라 이벤트를 나열하면 사용자가 상황을 명확히 이해할 수 있다.

호텔이나 국가와 같이 실재하는 것들의 경우, 사용자가 배치에 익숙하다면 공간에 따라 배열할 수도 있다. 예를 들어 호텔 웹사이트를 컨시어지, 프런트, 식당, 회의와 행사장, 피트니스 센터, 객실, 수트 룸 등 가상의 공간에서 움직이는 것처럼 배치할 수 있다. 사람들은 공간을 웬만큼 잘 기억하므로 이 방법이 좋은 선택일 경우도 있다.

시간과 공간을 도표로 시각화할 때 몇 가지 문제가 생길 수 있다.

기업 영업소나 휴양지를 표시할 때 유럽 등지는 굉장히 붐비는 데 반해 태평양 같은 곳은 거의 비어있다는 문제가 생긴다. 캘린더에 일정을 표시할 때도 같은 문제가 생긴다(새벽 1시에서 5시 사이에는 별다른 일이 없다).

러쉬 아워에 버스가 얼마나 몰리는지와 같이 밀도의 변화를 살펴보는 것이 유용할 때도 있지만, 여타의 경우에는 정보를 선택하기 어려울 수도 있다. 세계 지도를 클릭해 컴퓨터의 시간대를 설정하게 할 수도 있지만, 파리와 런던은 시간대가 다른데도 불구하고 겨우 몇 픽셀밖에 떨어져 있지 않다.

타임라인은 사건을 나열하는 보편적인 방법이다

그리드

정돈된 레이아웃이 디자인을 단순하게 만드는 데 얼마나 큰 역할을 하는지 알면 놀랄 것이다.

다음 페이지의 양식(상단)은 우리 회사에서 디자인한 열차 승차권 검색 인터페이스다. 사용자 테스트에서 문제는 없었지만 사람들은 머뭇거렸다. 우리는 레이아웃을 다시 살펴본 후 단순화하기로 했다. 입력 필드를 정렬하는 데 쓰인 보이지 않는 가로 그리드의 수를 살펴본 후 이를 단순화했다. 필드 영역을 분리해주던 무거운 색면 역시 없애고 흰 여백과 보이지 않는 그리드로 대신했다.

그 결과 레이블이나 프로그램을 전혀 바꾸지 않았는데도 더 단순하게 느껴지는 레이아웃이 나왔다.

이런 식으로 보이지 않는 그리드를 이용해 항목을 정렬하는 것은 화면상에서 사용자의 주의를 끄는 효과적인 방법이다. 화려한 색이나 번쩍거리는 이미지 없이도 "다음은 여기를 보세요."라고 말해준다. 그리드가 단순할수록 효과는 강력하다.

몇 안되는 요소가 제 위치를 벗어나는 것만으로도 그리드가 깨질 수 있다. 다음 페이지의 사례에서 열일곱 개의 입력란 중 단지 세 개가 위치를 벗어났는데 그것만으로도 레이아웃이 혼란스러워졌다.

그리드 레이아웃은 획일적이고 제한적으로 느껴질 수 있다. 이를 피하는 방법 중 하나는 레이아웃을 비대칭으로 만드는 것—컬럼의 수를 홀수로 하는 등—이다. 또 한 가지 방법은 몇몇 요소들을 여러 컬럼에 걸치게 하는 것이다. 「와이어드Wired」나 「가디언Guardian」 같은 온라인 잡지를 보라. 이들이야말로 일정한 비대칭의 그리드를 사용해 디자인되었음을 알 수 있다.

개선 전

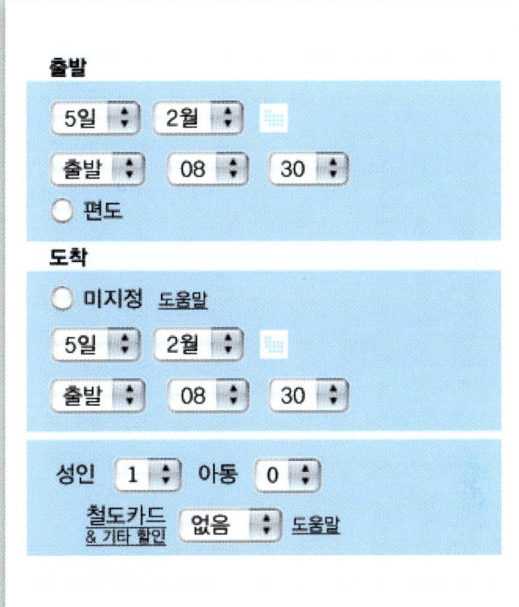

개선 후

크기와 위치

그리드 위에 항목을 레이아웃할 때 크기와 위치를 잡는 팁 몇 가지를 소개하겠다.

중요한 것은 크게 만든다. 실제 비율과 맞지 않더라도 말이다. 다음 페이지에 있는 그림은 인터페이스 디자인에 관해 내가 처음 읽은 책들 중 하나인『애플 하이퍼카드 스택 디자인 가이드라인Apple's HyperCard Stack Design Guidelines』에 나온 것과 비슷한 그림이다. 스포츠 뉴스 사이트를 디자인할 때 골프공을 축구공과 비슷한 크기로 만드는 것은 정확하지 않을 수 있지만, 그렇지 않으면 마스터즈 골프 대회가 프로축구 리그보다 중요하지 않은 것처럼 보일 것이다. 스포츠 팬들은 이견이 있겠지만 스포츠 에디터들은 양쪽 모두 부각되길 바랄 것이다.

중요도가 떨어지는 항목은 더 작아야 한다. 중요도의 차이는 가능한 한 강조하는 것이 좋다. 그렇지 않으면 사용자는 산만해진다. 좋은 법칙이 있다. 어떤 것의 중요도가 절반이라면 4분의 1 크기로 만드는 것이다.

비슷한 것들은 가까이에 둔다. 뻔한 얘기로 들릴 수도 있지만 이로써 얻는 이점은 막대하다. 비슷한 항목들을 서로 가까이 둠으로써 이들이 어떤 관련성이 있는지를 설명하기 위해 시각적인 장애물(컬러 코딩, 레이블, 박스 등)을 애써 사용하지 않아도 된다. 사용자가 화면 전체를 둘러볼 필요가 없으므로 주의를 집중하기도 쉬워진다.

컴퓨터 화면상에 내비게이션을 위치시킬 때, 내비게이션 바를 화면 왼쪽이나 오른쪽, 또는 위쪽에 두는 것이 더 쓰기 편하다는 실제 근거는 본 적이 없다. — 적어도 웹사이트에서는 확실한 차이가 없다. 진짜 문제가 되는 것은 사용자들이 원하는 버튼을 쉽게 찾을 수 있느냐인데, 이렇게 볼 때 웹사이트에서는 중요한 링크가 컨텐트와 함께 중앙에 들어갈 수도 있는 일이다.

그러나 터치 인터페이스에서 위치의 의미는 크다. 어떤 앱의 내비게이션을 화면 아래쪽에 두면 사용자가 화면을 손으로 가리지 않고도 터치할 수 있다. 크기가 큰 터치스크린에서 내비게이션을 왼쪽이나 오른쪽에 두는 것은 오른손잡이나 왼손잡이인 사람에게 불편을 줄 위험이 있다.

공의 크기를 왜곡시킴으로써
모든 스포츠가
똑같이 중요함을 보여준다

레이어

런던 지하철 노선도는 아주 작은 공간에 수많은 정보가 채워져 있다. 300개가 넘는 지하철역과 13개의 노선이 포켓 사이즈의 작은 노선도에 압축되어 있다. 이 모든 정보가 뒤죽박죽되지 않도록 이 노선도는 지각적 레이어^{perceptual layering}라는 기법을 썼다.

각각의 지하철 노선은 고유의 색이 있어 그만의 레이어 위에 놓여있는 것처럼 보인다. 보는 이는 특별히 주의를 기울이지 않고도 다른 노선에 신경을 끈 채 관심있는 노선의 색을 따라갈 수 있다. 노선도에는 여러 가지 선이 이리저리 교차하지만 서로 다른 색깔 덕분에 보는 이는 한 번에 하나에만 집중할 수 있다.

지각적 레이어를 이용해 여러 요소를 겹치거나 나란히 배치할 수 있다. 예를 들자면 관련 있는 컨텐트를 연결하기 위해 배경색을 주는 방법 등이다. 또는 장바구니 아이콘과 구매 버튼을 같은 색으로 처리하는 식으로 여기저기 흩어져 있는 UI 요소들을 하나로 묶을 수도 있다. 지각적 레이어를 이용하면 인터페이스를 획일적인 영역으로 분할하지 않아도 된다.

지각적 레이어는 컬러로 구분하는 것이 가장 효과적이지만, 다양한 밝기의 회색조나 크기, 심지어 형태를 통해서도 같은 효과를 낼 수 있다. 다음 몇가지 팁을 보자.

- 가능하면 레이어를 적게 사용한다. 컨텐트가 복잡할수록 적은 레이어를 사용하는 것이 다루기 쉽다.
- 기본 요소 몇몇은 일반적인 배경 레이어에 두는 것을 고려해보자. 하나의 항목을 두 레이어에 두는 것은 쉽지 않기 때문이다.
- 레이어 간에 가능한 한 큰 차이를 둔다. 사람들이 20퍼센트의 회색과 30퍼센트의 회색을 구분하기는 힘들다. 마찬가지로 색상을 선택할 때는 색맹인 사용자도 염두에 둔다.
- 다른 것보다 중요도가 높은 카테고리에는 밝고 채도가 높은 색상을 사용해 페이지에서 눈에 띄게 한다.
- 중요도가 같은 카테고리일 때는 같은 명도와 크기에 다양한 색상을 가진 지각적 레이어를 사용한다(런던 지하철 노선도처럼).

디자인이 제대로 됐나 알아보는 손쉬운 방법은 눈을 가늘게 뜨고 각각의 레이어를 구분할 수 있는지 보는 것이다.

컬러 코딩

컬러 코딩Color coding은 널리 쓰이는 기법이다. 병원, 폴더, 신호등, 시력 검사표, 지도, 계기판 등 모든 곳에 쓰인다.

디자인이 매우 잘 된 런던 지하철 노선도 같은 사례만 보고 사람들은 컬러 코딩을 단순함으로 가는 왕도라고 생각하곤 한다. 하지만 정보의 레이어를 구분하기 위해 색상을 사용하는 것과 정보에 레이블을 붙이기 위해 색상을 사용하는 것에는 미묘한 차이가 있다.

색상을 사용해 정보의 레이어를 구분하는 것은 인간 두뇌의 동작 원리를 이용하는 것이기 때문에 사용자에게 주는 부담이 매우 적다. 하지만 색상을 사용해 정보에 레이블을 붙이는 데는 비용이 든다. 다른 모든 코드와 마찬가지로 학습과 해석을 위한 시간이 필요하므로 사용자의 부가적인 노력이 필요한 것이다.

어쩌다 들른 방문객들에게는 미처 코드를 익힐 시간이 없을 수도 있다. 색상을 많이 사용할수록 익히는 데 더 오랜 시간이 걸릴 것이다. 그리고 디자인 전체에 걸쳐 코드를 엄격하게 적용하지 않을 경우 사용자들은 코드가 의미하는 것에 대해 확신을 갖지 못할 것이다.

또 한 가지 문제는 어떤 한 컨텍스트에서 잘 알려진 색상 체계를 다른 곳에 가져다 사용하는 것이다. 예컨대 영국의 몇몇 식품 레이블에는 섭취 제한이 필요한 소금이나 지방 성분의 포함 여부를 표시하기 위해 신호등에 쓰이는 색상들을 쓰고 있다. 운전자들에게는 신호등 색깔이 익숙하겠지만 식품 쇼핑을 하는 사람들에게 그 의미를 완전히 다시 설명해야 하기 때문에 장점이 별로 없다. 그리고 빨간색과 초록색은 색맹인 사람들이 구분할 수 없는 경우가 많으므로 보편적인 해결책은 아니다. (실제 신호등은 색상 외에도 사람의 모습을 이용해 신호를 구분한다.)

불필요하게 색상을 추가하는 것은 혼란을 불러일으킨다.

컬러 코딩은 사람들이 오랜 시간을 들여 학습하고 재사용할 것이 확실시되는 경우나, 사용자가 이미 학습한 코드를 사용하는 경우 가장 효과가 좋다.

비공식 도로

다음 번에 사람이 많은 공원에 가거나 잔디 위에 누워있을 기회가 생긴다면 두 가지를 눈여겨 보기 바란다. 첫째로 설계자나 건축가가 공원을 가로질러 설계한 보도를 살펴보자. 이 길들은 아마도 디자이너가 높은 곳에서 바라보는 시점으로, 사람들이 공간 내에서 이렇게 움직여야 한다고 생각한 그 길일 것이다(대개 직선이거나 말끔한 기하학적 패턴이다). 그리고 사람들이 잔디밭을 가로질러 다니며 밟아 만들어진 길을 살펴보라. 이렇게 사람들의 발길에 닳고 닳아 생긴 '비공식 도로^{desire path}'는 포장된 길과 확연히 다른 경우가 많다.

기획안을 내려다보면서 설계자는 완벽한 레이아웃을 만들었다고 생각했다. 하지만 공원을 걸어다니다 보면 사람들이 왜 직접 길을 냈는지를—입구에 더 빨리 가려고, 컴컴한 구석을 지나가기 싫어서, 평행하게 놓인 다른 쪽 길로 건너가려고— 정확히 이해할 수 있다. '정해진' 보도 위를 고집하는 것보다 사람들의 흔적을 따라 걷는 쪽이 단순하게 느껴지는 법이다.

소프트웨어에서 사용자가 지나가는 길을 구상할 때, 원래 기획했던 정돈된 노선이나 깔끔한 분류에 집착하지 않는 것이 중요하다.

소프트웨어를 반복적으로 사용해보고, 어떤 것이 눈에 띄는지 보자(눈을 가늘게 뜨고 화면 레이아웃을 보라!). 다른 사람들에게도 같은 일을 하게 해보자.

단순한 조직화란 소프트웨어를 사용하면서 어떤 것이 좋다고 느껴지느냐의 문제지, 기획할 때 어떤 것이 논리적으로 보이느냐의 문제가 아니다.

6장

숨기기

숨기기

덮개나 슬라이딩 패널 뒤에 기능을 숨기는 방법은 DVD 리모콘을 단순화하는 문제에서 많이 쓰이는 해결책이다. 이런 식으로 접근한 리모콘이 내게도 몇 개 있다.

버튼을 숨기는 또다른 방법은 터치스크린 리모콘을 사용하는 것이다. 이런 디자인에서는 가장 많이 쓰이는 기능을 화면에 표시하고 잘 쓰이지 않는 기능은 기기 내의 메뉴 깊숙한 곳에 숨긴다.

프로그래밍이 가능한 터치스크린 리모콘도 있다. 이를테면 사용 편의성 덕분에 팔리는 이런 리모콘의 가격은 일반 DVD 플레이어의 두 배 정도다. 단순함을 위해 이 정도의 대가를 치르려는 사람들이 있다는 얘기다.

값비싼 첨단 기술의 길을 가든 리모콘에 몇 푼 더 들여 플라스틱 덮개 뒤에 기능을 숨기든, '숨기기'는 '조직화'에 비해 큰 이점을 지닌다. 원치 않는 세부 사항으로 인해 사용자의 주의가 산만해질 일이 없다는 것이다.

사랑받지 않는 기능을 제거하는 첫 번째 단계로 숨기기를 사용하는 이들도 있다. 숨기고, 어두운 곳에서 점점 쓰이지 않게 하고, 그리고 없애버린다. 나는 이런 접근법에 의구심이 든다. 어떤 기능을 없앤다는 것은 먼저 숨기든 숨기지 않든 상관없이 이 책의 '제거' 장에서 이야기했던 논의들을 모두 거쳐야 한다는 것을 의미한다. 그리고 없애려면 빨리 없애는 편이 낫다.

숨긴다는 것은, 그것이 리모콘의 플라스틱 덮개든 웹사이트에서의 반복되는 클릭이든, 사용자와 기능 사이에 장벽을 치는 일이다. 사용자가 불편해하지 않도록 어떤 것을 숨길지 주의깊게 선택해야 한다.

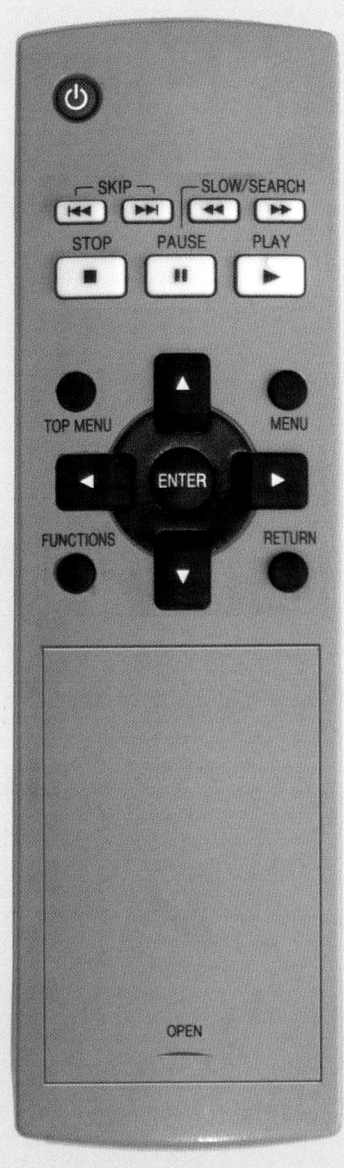

기능을 숨기는 것은
저렴한 해결 방안이긴 하다.
하지만 어떤 기능을 숨겨야 할까?

자주 쓰지 않지만 필요한 것들

주류 사용자들이 잘 사용하지 않지만 가끔 변경하기도 하는 항목들은 숨기기 좋은 경우다. 이런 기능들은 사용자의 목표보다는 사용자가 누구이고 어디에 있는가와 관련이 있기 때문에 '2장. 비전 설정'에서 작성한 스토리에 이런 기능들이 등장할 가능성은 거의 없다.

- 계정 상세(데스크탑 이메일 애플리케이션에서 서버 세부사항이나 서명 편집 등)
- 옵션과 환경설정(드로잉 애플리케이션에서 단위를 인치에서 센티미터로 바꾸기)
- 위치에 따른 정보(시간과 날짜. 이 설정은 자동으로 업데이트되는 경우가 많긴 하다)

이런 제어 기능을 빠뜨리면 웹사이트나 애플리케이션이 너무 일반적으로 흘러서 사용자의 니즈에 맞추기 힘들어진다.

환경설정 기능이 화면 상단이나 중앙에 위치한 중요한 것들과는 멀리 떨어져 소프트웨어 한 켠에 처박혀 있는 것을 종종 볼 수 있다. 이런 기능은 첫 페이지나 모든 페이지마다 두는 것이 가장 좋다(사용자들이 이런 설정을 언제 변경하고 싶어 하는지 알 수 없으므로 웹사이트의 시작점이나 애플리케이션의 한쪽 가장자리에 숨긴다).

어떤 기능을 숨겨야 할지 고민이라면 환경설정부터 들여다보자. 자주 쓰지 않는 과업들이 외부적인 목표(친구에게 메시지를 보내는 등)에 집중하는 것과는 달리, 환경설정 기능은 소프트웨어를 잘 사용하는 것(자동으로 글머리기호를 붙이는 등)에 중점을 둔다.

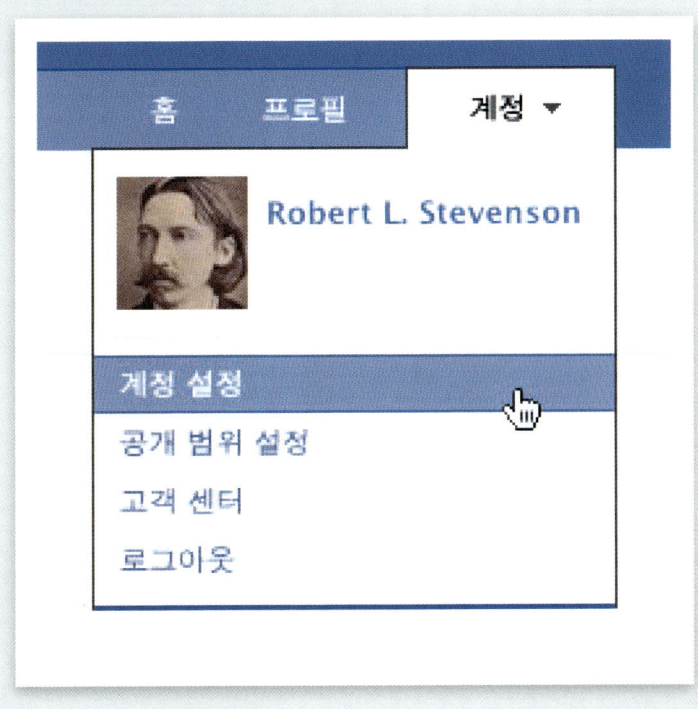

자주 쓰지 않는 환경설정 기능은
숨기기 좋은 경우다

커스터마이징

내가 그리 좋아하지 않는 접근법 중 하나가 사용자의 니즈에 따라 기능을 숨기는 등의 인터페이스 커스터마이징 customizing 수단을 제공하는 것이다. 이것은 디자이너 측의 게으름과 우유부단함의 산물이 아닌가 생각한다.

사용자에게 선택권을 준다는 면에서 공평하고 관대한 것처럼 보일 수도 있다. 문제는 커스터마이징이 번거롭고 시간이 걸릴 수 있다는 점이다. 시간만 있다면야 마이크로소프트 워드의 수많은 플로팅 팔레트와 툴바를 커스터마이징할 수도 있을 것이다. 하지만 그것은 좋은 사용자 인터페이스가 무엇인가에 대한 이해를 필요로 하는 수고스런 과정이다. 단순화를 할 수 있으려면 제공되는 방대한 기능들부터 먼저 학습해야 한다는 아이러니가 있다.

단순한 인터페이스라도 커스터마이징하기 힘든 경우도 있다. 내 TV는 프로그램 가이드에 나오는 채널 순서를 바꾸거나 채널을 숨길 수 있다. 채널의 순서가 원래 완전히 무작위이므로 이 기능이 유용하긴 하지만, 60여 개의 채널을 리모콘으로 커스터마이징하려면 수백 번의 클릭을 해야 한다. 정신이 멍해질 만큼 지루한 작업이다.

주류 고객도 기기를 커스터마이징하긴 한다. 하지만 이들은 사용자 인터페이스를 새로 디자인하기보다는 컴퓨터 바탕화면을 개 사진으로 바꾸는 것 같은 개인화에 더 관심이 있다.

커스터마이징은 커스터마이징을 위한 도구가 단순하고 여러 개의 항목을 재배열하기보다는, 몇 개를 덧붙이는 경우에 좀더 유용하다. 아이구글 iGoogle과 페이스북 Facebook이 전자의 좋은 예다. 하지만 페이스북 사용자의 목표 중 하나가 자기 표현이며, 프로필에 올릴 컨텐트를 고르는 일도 이 과업의 일부다. 그러므로 이 일이 그렇게 부담스러워 보이지는 않는다.

사용자가 지속적으로 소소한 변경을 해나가는 경우, 즉 스마트폰에 앱을 추가하거나 아이콘의 순서를 이리저리 변경하는 경우도 커스터마이징이 효과적일 수 있다. 하지만 이 경우도 시간이 갈수록 아이콘이 너무 많이 늘어나 감당이 안된다고 불평하곤 한다.

일반적으로 사용자가 소프트웨어를 커스터마이징하는 일은 없어야 한다. 워드프로세서의 목표는 글을 쓰는 것이다. 어떤 기능을 숨길지 검토하고 결정하는 것은 전문가들이 할 일이다.

인터페이스를 커스터마이징하게 하는 것은 사용자가 효과적이고 효율적인 레이아웃을 만들어낼 수 있다고 가정하는 것이다.

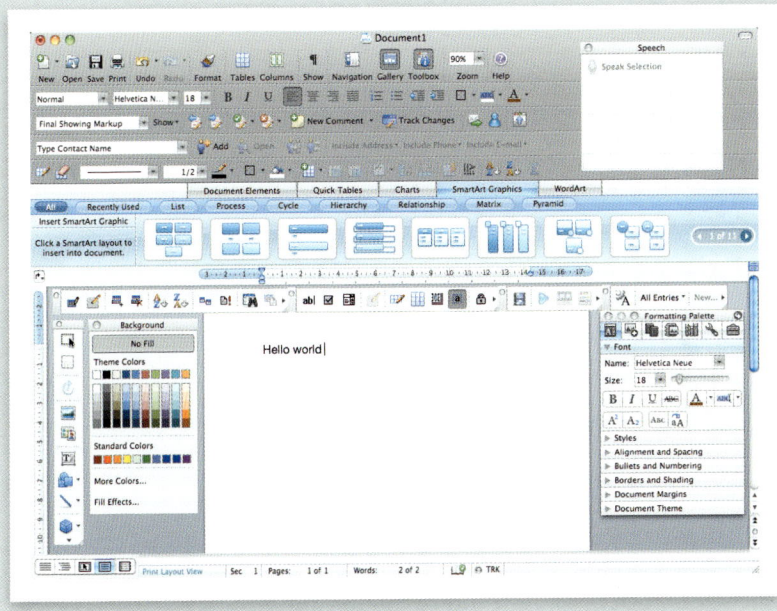

사용자는
마이크로소프트 워드의 모든 버튼을
커스터마이징할 수 있다.
하지만 그런 일에 시간을
보내고 싶어 할까?

자동 커스터마이징

어떤 프로그램에서는 사용자의 '행동'에 기반해 자동으로 기능을 보여주거나 숨기는 방식을 도입했다.

마이크로소프트 오피스 2000의 '적응형 메뉴adaptive menus'를 보면 그 길이 얼마나 험난한지 알 수 있다.

최상위 수준 메뉴 중 자주 쓰이는 것만 보여준다는 것이다. 메뉴 위에 몇 초간 마우스를 대고 있거나 메뉴 맨 아래 갈매기 모양을 클릭하면 전체 메뉴가 나타난다.

메뉴를 사용하면 프로그램에서 어떤 메뉴를 가장 많이 사용하는지 기억하고 있다가 많이 쓰는 메뉴는 보여주고 나머지는 숨기는 것이다. 어떤 사람은 오피스 2000을 설치하고서 몇 날 며칠 동안 이 기능을 어떻게 끄냐고 여기저기 묻고 다녔다(끄기도 쉽지 않았다). 몇 년 후 마이크로소프트는 이 기능을 없앴다. BBC도 홈페이지에 자동 커스터마이즈 기능을 넣었다가 없앴다.

자동 커스터마이즈 기능은 인터페이스를 단순하게 만들기보다는 사용자에게 더 복잡하고 어렵게 느껴질 수 있는데, 그 이유는 다음 세가지다.

- 디폴트 메뉴를 제대로 설정하기 힘들다. 마이크로소프트 워드 같이 규모가 큰 애플리케이션에서 대부분의 사람들은 극히 일부의 기능만을 사용하지만, 그들이 사용하는 기능의 범위는 다양하다. 고로 한 사람에게 맞는다고 해서 대부분의 다른 사람들에게도 맞는 것은 아니다.
- 단축 메뉴에서는 모든 기능을 단축 메뉴에서 한 번, 펼침 메뉴에서 한 번, 두 번씩 찾아야 한다. 펼침 메뉴를 불러오기 위해 기다리거나 클릭을 한 번 더 해야 하는 일은 사용자를 짜증나게 한다.
- 메뉴 위치가 계속 바뀌기 때문에 사용자가 어떤 항목을 어디서 찾아야 하는지 알 수 없다.

완벽한 알고리듬을 사용하지 않는 한(완벽한 것은 없다), 사용자의 기대와 맞지 않는 경우가 종종 일어날 것이고, 사용자는 신뢰를 잃어버리고 인터페이스가 복잡하고 혼란스럽다고 느끼게 될 것이다.

자는 동안 누군가가 옷장 안의 옷 순서를 매일 바꿔놓는다고 생각해보라. 자동 커스터마이징은 그만큼 짜증나는 일이다.

디폴트 메뉴   확장 메뉴

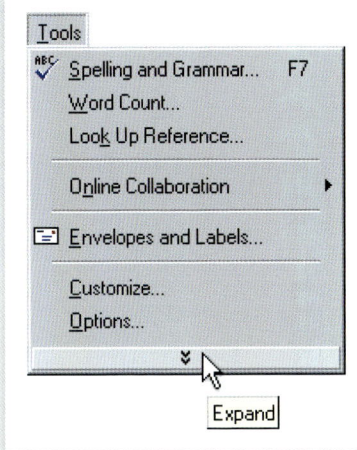
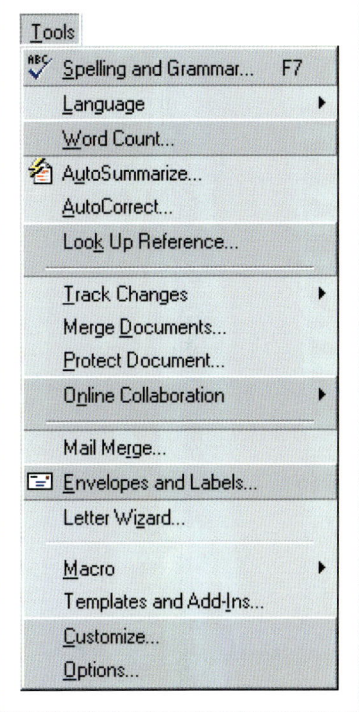

점진적 노출 Progressive disclosure

주류 사용자를 위한 핵심 기능 몇 개를 보여주고 전문가를 위한 정밀 조작 기능들은 확장했을 때만 보여주는 경우도 있다. 정밀 조작 기능을 숨기는 것은 단순화를 위한 훌륭한 방법이다.

'저장' 대화상자가 전형적인 사례다. 기본적으로 이 대화상자의 기능은 다음 두 가지 핵심 질문이 전부다.

- 이 파일의 이름을 무엇으로 하고 싶은가?
- 이 파일을 다음 목록 중 어느 곳에 저장하고 싶은가?

하지만 전문가들은 좀더 많은 것을 원한다. 이 문서를 위한 새로운 폴더를 만들 수 있는 기능이나, 문서를 저장할 폴더를 찾기 위해 하드디스크를 검색할 수 있는 기능, 다른 방식으로 하드디스크를 브라우징할 수 있는 기능, 그리고 파일을 특수한 포맷으로 저장할 수 있는 기능 같은 것들이다.

'저장' 대화상자에서 한꺼번에 모든 것을 보여주기보다 주류 버전만 보여주고 전문가 버전을 보려면 사용자가 확장할 수 있게 해주었다. 이 대화상자는 사용자가 어떤 버전을 선호하는지 기억하고 있다가 다음에 그 버전을 보여준다. 인터페이스가 어떻게 보일지를 사용자가 선택한다는 점에서 자동 커스터마이징 기능보다 나은 기능이다.

게다가 사용자가 메뉴를 설정하느라 별도로 어떤 과업을 수행하는 것이 아니라 하던 일을 하면서 선택을 하면 된다는 점에서 이 방법은 일반적인 커스터마이징 기능보다도 효율적이다. 주류 사용자들에게 커스터마이징을 강요하지 않는 것이다.

핵심 기능과 확장 기능이라는 이 모델은 단순함과 더불어 강력함을 제공하는 대표적인 방법이다. 컴퓨터의 경우를 예로 들자면, 주류 사용자는 인터페이스 상에서 마우스 왼쪽 버튼을 클릭하면 어떤 일이 일어난다는 정도만을 안다. 전문가는 마우스 오른쪽 버튼을 클릭해 부가적인 옵션을 쓸 수 있다는 것을 안다.

구글의 고급 검색 기능은 키워드 검색, 특정 사이트 내 검색, 부울리언 검색, 특정 언어 검색, 특정 지역 검색, 링크된 페이지, 파일 형식 검색, 날짜별, 저작권 유형별 검색, 키워드의 우선순위화, '안전' 검색 Safe search, 비교 검색 등의 기능을 제공한다. 물론 메인 인터페이스에서는 키워드 검색만 보이고 다른 것들은 숨겨져 있다. 사용자 테스트를 해보면 어떤 것을 보이고 숨길지 알 수 있다.

적절한 컨텍스트 안에 사용자의 기대에 맞는 명확한 단서를 둔다.

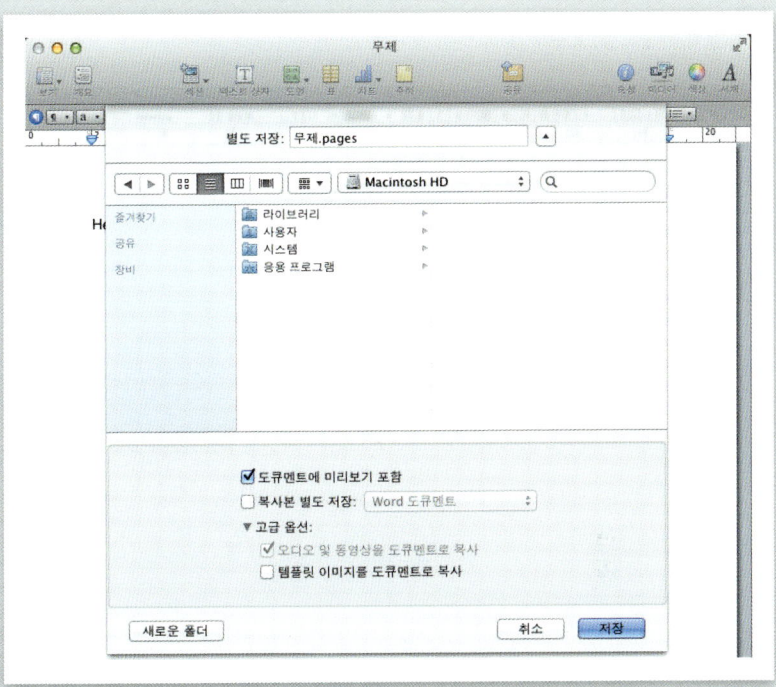

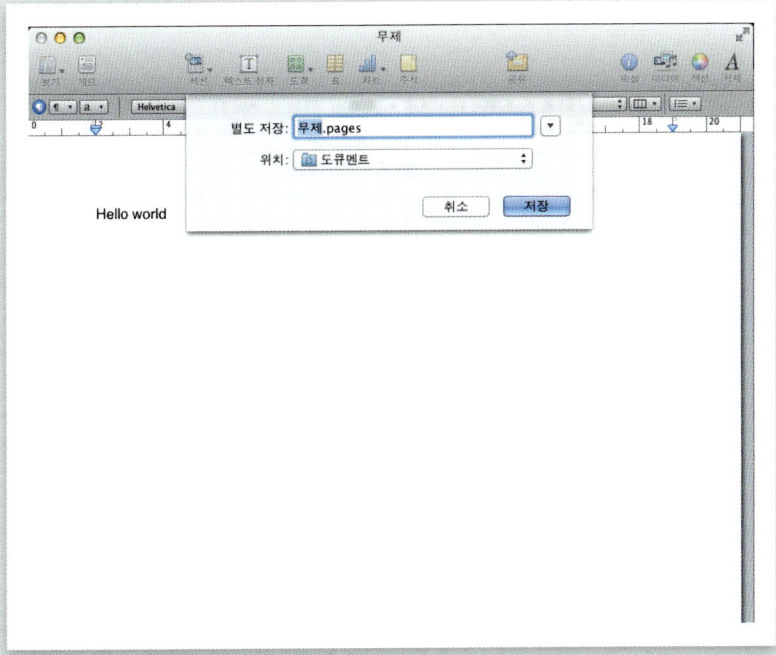

단계적 노출 Staged disclosure

소프트웨어의 다른 부분으로 기능을 숨기는 방법 대신 쓸 수 있는 또 다른 대안은, 사용자가 인터페이스로 점점 깊이 들어감에 따라 기능들을 노출시키는 것이다.

이런 접근법은 모든 사용자가 자연스럽게 좀더 복잡한 단계로 나아가는 경우에 효과적이다. 사용자가 단순한 텍스트 박스에서 검색을 시작하고, 결과 화면에서 필터링과 정렬 옵션을 보게 되는 것 등을 예로 들 수 있다.

단계적 노출은 예약신청 화면 같은 곳에 종종 쓰이는데, 여기에도 몇몇 규칙이 있다.

- 배경을 이야기하라. 온라인 결제 과정을 테스트하면서 우리는 사용자가 장바구니에서 결제로 이어지는 과정에서 혼란스러워한다는 것을 발견했다. 동일한 과정을 "안전 결제에 오신 것을 환영합니다"라는 말로 시작하니 문제가 해결되었다.

- 스토리를 가져라. 사용자는 어떤 과정이 이야기처럼 펼쳐지기를 기대하고, 스토리가 무엇인지 알아내고, 그것을 따라간다. 이전에 한 온라인 주문 페이지를 테스트했는데 이 페이지는 사용자에게 이름과 주소를 묻는 것으로 시작했다. 사이트의 소유주는 '뒷 단계에서 문제가 생겼을 때 고객에게 연락할 수 있게 하기 위해서'라고 설명했다. 하지만 고객들은 싫어 했다. 이 단계 앞에 간단한 스토리("무엇을 원하세요? 어디로 보내드릴까요?")를 넣었더니 전환율이 증가했다.

- 사용자의 언어로 이야기하라. (여권 신청과 같은) 관료주의적 과정이나 (모뎀 설치와 같은) 기술적 절차 때문에 사용자가 특정한 프로세스를 따라야만 하는 경우가 많은데, 이런 관료주의나 기술은 어려운 전문 용어를 낳게 마련이다. 내부인들에게는 전문 용어가 간결하고 명확하다. 그러나 초보자에게는 생소한 전문 용어 하나가 친숙한 긴 문장 전체보다 더 복잡한 법이다.

- 정보를 이해하기 쉬운 양 만큼씩 나눠서 보여준다. 덩어리가 너무 크면 사용자는 매우 복잡하다고 느낀다. 작은 덩어리로 너무 많이 나누면 사용자는 비효율적이고 지루하다고 느낀다. 각각의 덩어리들은 완벽하고 독립적이어야 한다(주소를 두 화면에 나눠놓는다거나 하면 안 된다).

마법사 방식은 단계별 노출의 한 형태지만, 위에서 말한 모든 규칙을 어기는 경우가 종종 있다. 스토리도 없고, 아무런 설명도 없이 전문 용어로 이야기하고, 배경을 이야기하지도 않고, 너무 크거나 너무 작은 덩어리로 나누어 보여준다.

단계적 노출은 과정의 각 단계가 사용자가 기대하는 것과 일치할 때 가장 효과적이다.

잘못하면 사용자는
등을 떠밀리는 것처럼
느끼게 된다

처음부터 보여줘야만 하는 것은 아니다

얼마 전 「뉴욕타임스」 온라인을 보다가 이런 구절을 발견했다.

> 이번 주는 휴일의 중간에 끼어 도시의 움직임이 정지된 한 주, 뉴욕의 위대한 시스템—학교, 재판소, 언론사, 월 스트리트, 시청, 퀸즈의 보데가bodega들—이 일제히 느려지거나 정지하는 시기다.

영국인인 나의 첫번째 반응은 "보데가가 뭐지?"였다. 그래서 어떤 단어를 모를 때 항상 하던 대로, 단어를 복사한 후 구글에서 검색하려고 단어를 선택했다. 그때 놀라운 일이 일어났다. 선택한 단어 옆에 조그만 물음표 아이콘이 뜨는 것이었다. 아이콘을 클릭하니 단어의 뜻(bodega: 작은 잡화점. 스페인 지역에서는 와인 샵을 겸하기도 함)을 설명하는 창이 떴다. '언론사', '움직임', '위대한', '끼어' 등등, 기사의 모든 단어에 이 기능이 적용되어 있었다.

기발한 점은 이 기능이 숨겨져 있다가 정확히 사용자가 그 기능을 필요로 하는 시점에 나타난다는 점이다. 이처럼 기능을 완전히 숨겨버리는 데는 결단이 필요하다. 디자인 팀에서는 기껏 만든 이 기능을 사용자가 절대 찾지 못할지도 모른다는 걱정을 틀림없이 했을 것이다. "이 고생을 해서 만들어 놨는데, 이 기능을 사람들한테 '보여줘야만' 해"라고.

하지만 숨겨진 기능을 지나치게 강조하게 되면 엉망이 될 수 있다. 「뉴욕타임스」가 이처럼 기능을 잘 숨겨놓지 않았다면 어찌 되었을지 생각해보라.

텍스트 내에 하이퍼링크를 걸었다면 독자의 주의를 산만하게 하고 짜증나게 했을 것이다. 모든 단어마다 하이퍼링크를 걸었다면 페이지는 완전히 엉망이 되어버렸을 것이다. 몇 단어만 뽑았다면 기사마다 어떤 단어를 뽑아 뜻을 보여줄지 결정해야 하는 값비싼 과업에 맞닥뜨렸을 것이다. 기능을 과시하려고 했다면 엉망이고 보기 싫고 값비싼 수렁에 빠질 수 있었던 것이다. 아쉽게도 기능을 숨기려는 시도는 대부분 이런 식으로 진행된다. DVD 리모콘의 버튼들을 유리 덮개 뒤에 숨기는 것과도 같다.

「뉴욕타임스」가 선택한 해법은 성공적인 숨기기란 어떤 것인지를 보여준다. 첫째, 가능한 한 완벽하게 숨긴다. 둘째, 어떤 기능을 필요로 하는 바로 그 시점에 기능이 저절로 나타나게 한다.

This is a week of suspended animation in the city, in between holidays, when the great systems of New York — the schools, the courts, the communications m[?]a, Wall Street, City Hall, the bodegas in Queens — slow to an administrative crawl or shut down altogether.

「뉴욕타임스」의 사전 기능은 단어를 선택하기 전까지 보이지 않는다

암시와 단서

숨겨진 기능에 붙일 이름을 고르는 일은 어려울 수 있다. 숨겨져 있는 복잡 미묘한 부가 기능을 어떻게 설명하면 좋을까?

부가 기능이 '더보기'와 같이 모호하거나 구글의 '고급 검색'처럼 생색내는 이름 뒤에 숨어있는 경우가 종종 있다. 흔히 쓰이지만 이상적인 해법들은 아니다. 복잡함을 감추는 이유 중 하나는 사용자가 스스로 어리석다고 생각하지 않도록 하기위해서다. 버튼에 '고급'이라는 이름을 붙이는 것은 사용자에게 그곳에 갈 만한 자격이 없다는 것을 돌려 말하는 것과도 같다. 듣기 좋은 말은 아니다.

한 가지 대안은 특정 집단에게만 호소력을 갖는 레이블을 사용하는 것이다. 대부분의 컴퓨터 제조사 웹사이트를 살펴보면 기술적인 세부사항들로 고객을 압도하는 것을 볼 수 있다. 주류 사용자들은 대개 L2 캐쉬나 머더보드의 속도에 관해 읽으면서 자신감을 잃곤 하지만, 전문가에게 이 정보는 필수적이다.

애플의 웹사이트는 주류 사용자에 맞는 산뜻한 잡지 스타일로 제품을 소개한다. 하지만 한쪽 구석에 '제품 사양Tech Specs'이라는 이름의 메뉴가 있다. 주류 사용자들은 사진과 헤드라인만 보겠지만, 그래픽 프로세서에 대해 정말로 알고 싶은 고객이라면 이 링크가 눈에 들어올 것이다. 이 문구는 이들에게는 익숙하지만 주류 사용자는 관심 없어 하는 문구인 것이다.

어도비 일러스트레이터Illustrator는 좀더 섬세한 방법을 사용한다. 드로잉 툴 중 몇몇에 고급 기능이 들어있고 툴 팔레트상에 작은 화살표로 표시된다. 한 번 클릭하면 기본 툴이 선택되고, 클릭한 채로 누르고 있으면 고급 옵션이 나타난다.

이런 접근법이 훌륭한 이유는 어떤 기능이 들어있는지를 설명하는 레이블을 쓰지 않고 기능을 살펴보도록 유도한다는 점이다. 게다가 명확하다. 이 컨텍스트에서는 부가 기능이 인접한 툴과 관련이 있을 것이라는 기대를 가지게 한다. 탐험과 학습을 좋아하는 전문가는 기꺼이 이 유도를 따를 것이다. 주류 사용자는 좀더 자신감이 생겼거나 기능을 쓸 필요가 있을 때까지 기꺼이 탐색을 미룰 것이다. 적절치 않은 경우는 아무도 없다.

기능을 잘 숨긴 인터페이스는 우아하다. 이들은 가능한 한 가장 섬세한 단서를 사용해 부가 기능의 위치와 본질을 암시한다.

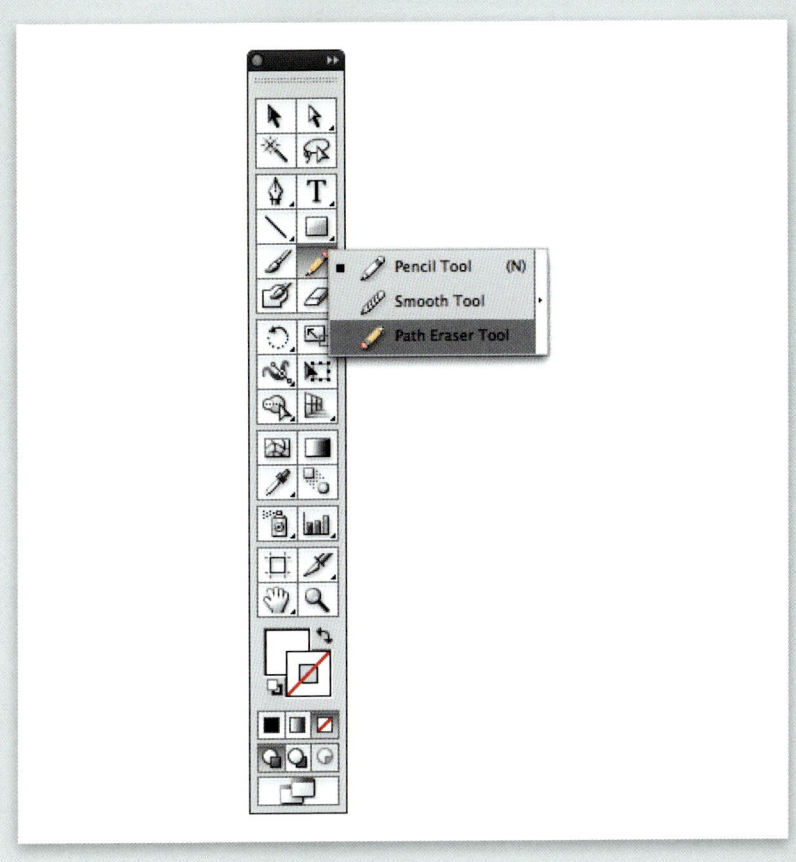

작은 단서로
숨겨진 기능을 암시할 수 있다

찾기 쉽게 하려면

레이블을 어디에 두는가가 크기보다 중요하다.

수상 경력이 있는 드로잉 애플리케이션 스키치Skitch와 코믹 라이프Comic Life의 인터페이스를 디자인한 키이스 랭Keith Lang은 자신의 작업물 중 두 가지를 예로 든다. "스키치에서는 컴퓨터의 키를 누르고 있으면 고급 기능을 쓸 수 있게 했어요. 이 기능을 알리기 위해서 툴바를 쓸 때마다 화면 상단에 팝업을 띄웠는데, 이게 꽤 컸는데도 대부분의 사용자들은 쳐다보지도 않았죠. 코믹 라이프에서는 사용법을 알리기 위해 툴 팔레트 중 하나에 조그만 레이블을 넣었고, 이것은 효과적이었어요."

이 둘의 차이는 제프 래스킨Jef Raskin(매킨토시의 창시자 중 한 사람)이 말한 '사용자의 관심 영역'—화면에서 사용자가 집중하고 있는 영역—으로 귀결된다.

사용자가 처음 화면을 보거나 새로운 과업을 시작할 때의 관심 영역은 광범위하다. 아이트래킹 연구를 살펴보면 사용자들이 새로운 웹사이트에 들어갔을 때 화면 전체를 훑어본다는 것을 알 수 있다. 사용자가 어떤 하나의 과업에 집중하면서 관심 영역은 좁아진다. 아이트래킹 연구에서 사용자가 초기 평가를 마친 후 화면의 한두 군데에 집중하거나 텍스트의 본문을 읽어내려가기 시작한다는 것을 알 수 있다. 문제가 있을 경우 사용자는 화면에서 문제가 되는 영역에 좀더 깊이 집중하는 경향이 있다. (『인간 중심 인터페이스The Humane Interface』에서 래스킨은 사용자가 도움말을 필요로 할 때 찾지 못하는 이유가 이것이라고 말한다. 문제가 생기게 되면 화면에서 문제가 생긴 부분에 지나치게 집중한 나머지 다른 것을 볼 틈이 없는 것이다.)

키이스 랭이 발견한 것은 사용자의 관심 영역에서 먼 곳에 커다란 레이블을 두는 것은 효과적이지 않다는 점이었다. 코믹 라이프에서 그는 사용자의 관심 영역 안에 둔 조그만 레이블이 잘 작동한다는 것을 발견했다.

「뉴욕타임스」의 사례에서 물음표 아이콘은 내가 선택한 영역의 바로 위, 즉 내 관심 영역의 중앙에 떴다. 뜻하지 않게 숨겨진 기능이 표시된다 해도 이런 경우 못보고 지나치기는 어려울 것이다.

사용자가 제품을 써나가면서 단서를 접할 수 있게 하자. 하지만 길을 막아선 안 된다

숨긴 후에는

숨기기는 그러니까 다음의 네 가지에 달려있다.

- 한 번만 설정하면 되는 옵션들은 숨긴다.
- 정밀 조작 기능은 숨긴다. 그러나 전문 사용자의 경우 이 기능이 항상 보이도록 설정할 수 있게 한다.
- 주류 사용자에게 커스터마이징을 강요하거나 커스터마이징할 수 있을 거라고 기대하지 말고, 이런 옵션은 전문가를 위해서만 제공한다.
- 우아하게 숨긴다. 즉 완벽하게 숨기고 적절한 때 나타나게 한다.

지금까지 살펴본 세 가지 전략—제거, 조직화, 숨기기—는 서로 깔끔하게 맞아 떨어진다. 사용자에게 필요 없는 것은 제거하고, 사용자가 하는 행동을 조직화하고, 사용자가 사용할 수도 있는 것들은 숨긴다. 하지만 마지막 전략인 '이전'은 정말로 인터페이스를 완전히 다시 생각해야만 하는 문제다.

찾는 데 너무 오래
걸리지 않아야 제대로 된
숨기기라고 할 수 있다

7장

이전

이전

DVD 리모콘 단순화의 네 번째 전략은 일종의 속임수다.

이 접근법을 사용하는 사람들은 리모콘에 재생과 일시 정지 등 가장 기본적인 몇 가지 동작만 남겨두고 나머지는 모두 TV 화면상의 메뉴로 처리한다. 리모콘은 그 자체로 접근하기 쉽고, 이해하기 쉽고, 사용하기 간단해진다.

이 전략의 또 한 가지 장점은 리모콘을 더 잘 활용하게 된다는 것이다. 사용자는 몇 개의 버튼만 학습하면 되고 이 버튼들은 촉각으로도 구분할 수 있다. 어두운 곳에서 DVD를 보면서도 쉽게 쓸 수 있다.

게다가 리모콘에 비싼 디스플레이 장치를 추가하는 것보다 기존의 TV 화면을 이용하는 편이 훨씬 저렴하다. TV 화면은 이런 용도로 사용하기에 아주 적합하다. 무한대의 메뉴를 표시할 수 있는 데다가, TV 화면 자체가 사용자가 명확히 바라보는 곳에 위치하고 있으니까.

이 접근법의 단점이라면 모든 기능을 이전해버릴 경우 리모콘으로 무엇을 할 수 있는지 추측하기 힘들다는 것이다. 메뉴를 찾아 들어가 재생 버튼을 눌러야만 한다면 복잡하고 지겨울 것이다. 대부분의 사람들이 리모콘에 몇 가지 기본적인 기능을 남겨두는 것은 이런 이유 때문이다.

그리고 이렇게 리모콘을 단순화한 후에도 (제거, 조직화, 숨기기 전략을 사용해) 화면상의 메뉴 시스템을 단순화하는 일은 남아있게 된다.

하지만 이 방법의 장단점을 이해하고 각 기기에 적합한 역할을 맡긴다면 효과적일 것이다. 단순한 경험을 만들어내는 비법 중 하나는 적절한 기능을 적절한 플랫폼, 혹은 시스템의 적절한 부분에 배치하는 것이다.

리모콘에서 버튼 몇 개를 없애고 화면상의 메뉴로 처리하는 것은 어떨까?

기기 간의 이전

어떤 플랫폼에서는 쉬운 것이 다른 곳에서는 복잡하게 느껴질 수 있다.

런키퍼 RunKeeper는 운동 경로를 기록하는 아이폰 앱이다. 아이폰에서 달리기를 기록하는 일은 간단하다. 앱의 시작 버튼을 누르고 주머니에 폰을 넣어두기만 하면 된다. 달리는 동안 휴대폰이 GPS를 이용해 사용자의 위치를 모니터링한다. 달리기가 끝나고 앱의 정지 버튼을 누르면 날짜와 시각, 달린 시간, 달린 곳의 지도, 총 거리, 구간 기록, 언덕 경사도, 소모한 칼로리 등이 저장된다. 버튼 하나만 누르면 이 모든 데이터를 쉽게 저장할 수 있는 것이다.

반면 모바일 앱에서는 달리기에 관한 모든 정보를 휴대폰의 작은 화면에 표시할 수가 없다.

웹사이트에서의 데이터 입력을 보면, 위에서 말한 거의 모든 정보를(전부는 아니다) 온라인으로 입력할 수 있다. 지도 위에 경로를 그린 후 수많은 숫자 입력 필드를 채워야 하는 느린 과정이다.

데이터의 검토시, 모바일 앱에서는 달리기에 관한 모든 정보가 휴대폰 화면에 표시되는 것이 아니라 간단한 요약 정보만이 표시된다. 커다란 컴퓨터 화면에서 보도록 만들어진 웹사이트는 훨씬 많은 데이터를 편안하게 볼 수 있는 공간이 충분하므로, 책상에 앉아 큰 화면을 사용해 상세한 결과를 좀더 쉽게 검토할 수 있다.

런키퍼는 각 플랫폼의 장점을 이용한다. 구간 기록 정보를 수집하는 일은 휴대폰에서 가장 간단하게 할 수 있으므로 그쪽에 둔다. 하지만 그 기록들은 웹사이트에서만 볼 수 있다. 모든 정보를 표시할 수 있을 만큼 공간이 충분하기 때문이다. 그 결과 전체적인 경험은 단순하게 느껴진다.

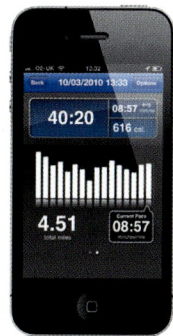

런키퍼 모바일 앱은
데이터를 기록하는 데,
웹사이트는 기록한 데이터를
검토하는 데 최적화되어있다

모바일 vs. 데스크탑

모바일 기기의 한계 중 몇몇은 기술이 점차 발전하면서 바뀔 것이다. 하지만 기기마다 고유의 강점과 약점이 있게 마련이다. 과업의 일정 부분, 말하자면 데이터의 입력 같은 것은 다른 플랫폼으로 이전하는 편이 합리적이다.

모바일	데스크탑/랩탑
무엇이든 촬영할 수 있음	사용자의 모습을 찍을 수 있음(웹캠으로)
짧은 텍스트 입력	많은 양의 텍스트 입력
데이터 속도는 느리거나 보통	데이터 속도는 보통이거나 빠름
보통 정도의 데이터 저장량	대용량의 데이터를 저장
어디서나 쓸 수 있음	앉아서 이용함
위치와 방향을 정확히 인식함	위치를 어느 정도 인식함
무선 네트워크를 통해 다른 기기에 연결됨	유□무선 네트워크로 다른 기기와 연결됨
적은 양의 정보를 표시함	많은 양의 정보를 표시함

오늘날의 모바일 기기들은 사용자가 보고 듣는 것과 위치를 기록하는 데 뛰어나다. 그러나 많은 양의 텍스트를 입력하기는 불편하다

사용자에게 이전하기

십 년쯤 전에 한 여행 사이트의 여행 계획 짜기travel planner 서비스를 기획했다. 여행 계획을 짜는 일은 복잡하다. 돈은 제한되어 있지만 여행객들은 이런저런 것들을 좀더 늘렸으면 할 때가 많다. 예산은 제한되어 있지만 그 역시 변경되기 마련이다. 사람들은 특정 장소에 머물지만 여기저기 돌아다닐 준비가 되어 있다. 특정한 것에 관심이 있지만 새로운 경험을 찾는 경우도 종종 있다. 말하자면 모든 게 달라질 수 있는 것이다.

나는 여행이라는 것이 시간과 장소를 관리하는 일이라고 결론지었고 스마트 트래블 플래너의 시작을 지도로 했다. 사용자들을 초대해 지도에서 런던의 에딘버러 궁전이나 과학박물관 같은 곳들을 살펴보게 했다. 사용자는 각 장소에서 얼마나 시간이 걸리는지 확인할 수 있고, 그 장소를 여행 일정에 추가하고, 다시 순서를 조정할 수 있었다. 스마트 트래블 플래너에서 여행 시간, 식사, 숙박 등의 계획을 세울 수 있었다. 말하자면 하루에 어떤 것들을 할지 확인할 수 있었고, 너무 많은 것을 넣으려고 하면 알림 메시지가 떴다.

테스트를 해보니 사용자들이 좋아하지 않았다. 개방형open-ended 과업을 기획했는데도 사용자들은 스마트 트래블 플래너가 지나치게 제한적이고 자신들의 여행 계획에 간섭을 한다고 느꼈다. 결국 구축에 들어가지 못했다.

몇 년 후 운 좋게도 다시 한 번 해보자는 제안이 왔다. 이번에는 군더더기를 모두 없앤 접근법을 선택했다. 사용자가 폴더를 만들고, 마음대로 이름을 붙이고, 뭐든 폴더 안에 넣을 수 있게 했다.

예측했던 이름들(요일이나 장소)과 예측하지 못했지만 완벽하게 뜻이 통하는 이름들('10 파운드 이하'나 '비오는 날')이 나왔다.

사용자가 각자 자신만의 성공 기준을 설정하는 것을 지켜보는 일은 흥미로웠다. 모든 사용자가 자신에게 알맞은 양의 계획을 세웠다. 어떤 사용자는 치밀한 여행 계획을 세웠고, 어떤 사용자는 아이디어 목록만 만들었다. 남들이 보기에 복잡해 보이는 계획도 있었지만 사용자 스스로에게는 모두 일리가 있는 것들이었다.

여행 계획 짜기에서의 복잡한 부분은 모호함을 어떻게 처리하느냐였다. 하지만 단순한 인터페이스를 통해 이 과업을 사용자의 몫으로 남겨두었다. 복잡함을 사용자의 머리로 이전한 것이다.

화요일

아이들 관련

여행자 할인

사용자가 가장 잘 하는 것

기본적인 기능만 있는 트래블 플래너가 단순하게 느껴진 이유는 사용자와 컴퓨터가 각자 제일 잘하는 것을 하게 했기 때문이다. 컴퓨터는 상세한 정보를 정확하게 저장하는 데 능하고, 한번 입력한 전화번호는 영원히 기억한다. 사람은 이런 종류의 상세 정보를 기억하는 데 매우 서툴다. 내가 만든 단순한 트래블 플래너에서는 이 기억이라는 과업을 컴퓨터 쪽에 맡겼다.

컴퓨터는 정확한 계산에 능하다. 하지만 여행 계획은 대략적인 계산과 여행 일정이 어떻게 전개될지에 대한 상상에서 시작되며, 이 두 가지는 사람이 더 잘 하는 일이다. 기본 기능의 트래블 플래너에서 계획을 세우는 일은 사용자에게 맡겼다.

사람들은 결과물을 제어하고 싶어한다. 스마트 트래블 플래너는 한 가지 유형의 계획을 세우도록 강요했다. 과업이 너무 많으면 경고 메시지가 떴고, 너무 적으면 미완성인 것처럼 느껴졌다. 기본 기능의 트래블 플래너는 계획이 충분한가의 판단을 사용자에게 맡겼다.

기본 기능의 트래블 플래너는 목표를 세우고 메모를 정리하는 방법을 결정하는 과업을 사용자 쪽에 맡겼다. 이런 일들은 컴퓨터에게는 복잡한 반면 사람에게는 쉬운 일이므로, 기본 기능의 트래블 플래너는 사용법이 단순하게 느껴졌다.

반면 스마트 트래블 플래너는 목표를 세우고 사용자에게 특정한 방식으로 정보를 정리하도록 강요했는데, 그 방법이 항상 맞는 것은 아니어서 사용하기 복잡하게 느껴졌다.

단순하게 느껴지는 경험을 만들어내는 비결 중 하나는 어떤 과업은 컴퓨터 쪽에 두고 어떤 과업은 사용자 쪽에 둬야 하는지를 아는 것이다.

사람	컴퓨터
목표를 설정하고 계획하기	절차를 따르기
대략적인 계산	정확한 계산
정보를 인식하기	세부 사항을 저장하고 불러오기
도식 만들기	복사본 만들기
세부 목록 중에서 선택하기	긴 목록의 정렬
추정하기	측정하기
상상하기	상세한 정보의 상호 참조

사용자는 방향을 잡고
컴퓨터는 안내를 한다면
사용 경험이 좀더 단순하게
느껴질 것이다

개방형 사용자 경험 만들기

똑똑한 기획자는 하나의 컴포넌트가 여러 목적으로 쓰이게 함으로써 단순화하기도 한다. 자동차 뒷 유리창의 열선이 라디오 안테나 역할을 겸하는 것을 예로 들 수 있다.

소프트웨어에서도 여러 가지 목적으로 쓰일 수 있는 기능을 만들어 복잡성을 줄일 수 있다. 그 기능을 어떻게 사용하느냐의 선택은 사용자에게 맡기는 것이다.

아마존 같은 사이트에서 항목을 저장하는 방법이 얼마나 많은지 생각해본 적 있는가? 장바구니에 담을 수도 있고, 장바구니에서 꺼내 '저장된 항목'에 담을 수도 있고, 위시리스트에 추가할 수도 있고, 결혼이나 생일을 위한 목록으로 저장할 수도 있다.

이 모든 것들이 고유의 기능―친구에게 위시리스트를 보낸다든가―을 가지고 있다. 하지만 모두 똑같은 일을 한다. 나중에 사려고 저장해두는 것이다. 사용자는 몇개나 되는 기능을 익히고, 어떤 항목을 저장하는 데 어떤 기능을 사용했는지, 그리고 나중에 어떻게 다시 찾아갔는지도 기억해야 한다.

쇼핑몰을 운영하는 입장에서도 꽤 많은 노력이 드는 일이다. 코드를 유지보수하고, 도움말과 기술 지원도 해야 하고, 모든 기능이 제대로 작동하는지 확인하고, 웹사이트 내에서 이 모든 기능이 들어갈 자리를 마련해야 한다.

이렇게 비슷한 기능들을 접할 때 나는 이것들을 하나의 포괄적인 도구로 결합할 수 없는지 살펴보곤 한다.

이 목록이 모두 한 군데에 있다고 생각해보자. 장바구니 안에 여러 폴더를 두는 것이다. 폴더에 이름을 붙일 수도 있고(결혼, 생일, 여행 책 등) 원한다면 친구에게 보낼 수도 있다. 하나의 기능으로 네 가지를 할 수 있다.

사용자에게 이 기능을 여러 가지 방식으로 쓸 수 있다는 사실을 알려주는 것이 중요하다. 목록 이름에 대해 몇 가지 아이디어를 제시하면 사용자는 이 기능으로 무엇이 가능한지 충분히 알 수 있을 것이다.

비슷한 기능을 묶어 단순화하는 것은 깔끔한 해법이다. 결과가 각 기능에 완벽하게 들어맞지 않을 수도 있지만, 중대한 이점이 있다. 여러 개의 비슷한 기능에서 하나를 선택하는 것보다 하나의 기능을 찾는 것이 쉽다. 여러 개의 기능을 익히는 것보다 하나를 익히는 것이 더 쉽다. 그리고 한 가지 기능을 유지보수하는 쪽이 더 쉽다.

자동차 뒷유리창 열선이 라디오 안테나 역할을 하는 경우도 있다

부엌칼과 피아노

단순한 인터페이스의 궁극은 전문가와 주류 모두에게 적합한 인터페이스다.

부엌칼처럼 아주 단순한 기구를 보자. 초보 사용자라도 많은 교육이나 도움을 받지 않고 부엌칼로 '괜찮은' 결과물을 얻을 수 있다. 전문가라면 똑같은 칼을 써서 '정밀한 조작'—빨리 다지기, 원하는 모양으로 깎기 등—을 해낼 수 있다. 같은 칼이지만 전문가의 기술 덕분에 전문가의 도구가 되는 것이다.

피아노도 마찬가지다. 전혀 훈련을 받지 않은 초보자라도 어떤 가락을 연주해낼 수 있고 피아노라는 악기가 굉장히 단순하게 느껴졌다고 말할 수 있을 것이다. 전문가는 별 어려움 없이 소나타를 연주할 수 있다. 둘의 차이는 기술이다.

이런 경험이 단순하게 느껴지는 이유는 전문가와 주류 사용자가 스스로의 목표를 자유롭게 설정할 수 있기 때문이다. 이들은 각자 목표를 달성하는 데 얼마나 많은 노력을 들여야 하는지에 대한 기대치를 가지고 있고, 그것은 그들의 과거의 경험에 기반한다. 연습한 실력 이상의 노래를 연주하려고 할 때 비로소 피아노 연주가 어려워지는 것이다.

이것은 앞서 예로 든 단순한 트래블 플래너의 개방형 경험과 동일하다. 이런 개방형의 경험은 대부분 전문가와 초보 모두를 만족시킨다. 사용자 스스로 성공(여행 계획이나 아이디어 목록의 완성)을 정의하게 하는 것은 중요하며, 그 목표를 이룰 방법을 상상할 수 있도록 충분히 단순한 도구를 주는 것 역시 중요하다.

이런 인터페이스가 중간층, 즉 전문가의 결과물을 보는 눈은 있지만 기량은 부족한 사람들에게 항상 적합한 것은 아니다. 양파나 계란을 다지는 부엌용 도구나 자동으로 반주를 해주는 전자 피아노가 각광받는 이유가 여기에 있다.

그런 도구들이 도움이 되긴 하지만 가격이 문제다. 부엌칼이 없고 특수한 다지기 도구만 가득 있는 부엌을 상상해보라.

개방형 인터페이스를 만드는 비결은 중간층을 위한 '편리한' 도구의 수를 최소화하는 것이다.

부엌칼은 전문가와 주류 사용자 양쪽의 기대와 니즈에 부응한다

구조화되지 않은 데이터

입력란을 채우는 일은 귀찮기도 하거니와 쓸데없이 복잡하게 느껴질 때가 많다. 그 이유 중 하나는 사용자로 하여금 소프트웨어나 아무 관련 없는 사무적인 절차에 맞추어 정보를 입력하게 하기 때문이다.

이런 일을 피하는 방법은, 데이터에 의미를 부여하는 과업을 사용자 자신에게 맡기는 것이다. 좋은 예로 37시그널즈에서 만든 간단한 할일 목록 사이트인 타다 리스트Ta-da List가 있다. 이 사이트를 만든 이들은 의도적으로 데이터 입력을 단순하게 만들었다고 한다. 예를 들자면 어떤 과업에 만기일을 지정할 수 없게 되어 있다. 원한다면 그냥 그 항목의 설명란에 '1월 17일까지'라고 기입하면 된다는 것이다.

사용자가 스스로의 메모에 의미를 부여하게 되면 이런 접근 방법이 아무런 문제가 없다. 단순하고 개방적이며 '인간적'이다. 사용자가 꼭 구조화된 입력란을 채워야 한다고 생각하지 말자.

컴퓨터가 데이터를 처리해야 할 필요가 있다면(예를 들어 과업을 날짜순으로 정렬해야 할 때) 데이터가 구조화될 필요가 있다. 하지만 컴퓨터가 사용자의 메모를 인식하고 구조화할 수 있는 경우도 꽤 있다.

어떤 이메일 프로그램은 이메일에서 '다음주 화요일'이나 '02-2653-7600' 같은 문구를 찾아 링크로 변환해주며, 클릭하면 사용자의 캘린더에 일정을 추가하거나 휴대폰으로 전화를 걸 수 있다.

사용자는 느슨한 구조의, 인간이 쓰는 용어로 이메일을 작성할 수 있다. 컴퓨터는 그 안에 구조화하거나 액션을 취해야 할 어떤 데이터가 있는지 찾아내는 일을 맡는다.

내가 특히 싫어하는 것 중 하나가 신용카드 정보를 공백 없이 입력하라느니 전화번호에 대괄호를 넣어서 입력하라느니 하는 웹사이트들이다. 소프트웨어에서 이런 것을 처리하도록 만들기는 어렵지 않다. 기업이 고객에게 그들의 데이터 입력 규칙에 맞추어 입력하라고 강요하는 것은 게으르고 무례한 일이다.

데이터를 구조화하는 일 중 일부를 컴퓨터가 처리하게 한다면 사용자 경험을 단순화할 수 있을 것이다.

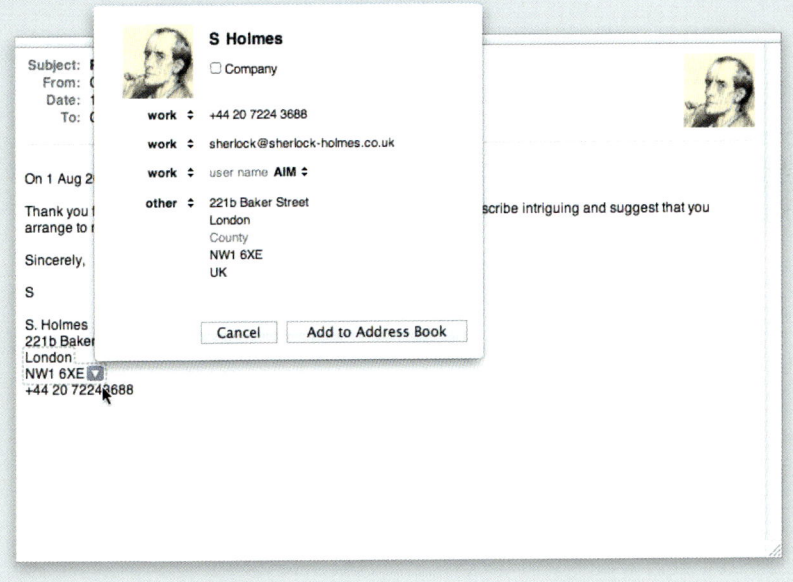

애플의 '데이터 검출기data detector'는
이메일에서 주소를 찾아
연락처에 추가할 수 있게 해준다

신뢰

과업의 이전이 가장 쉬운 경우는, 특정한 방식으로 두 개의 기기를 같이 사용하면서 그 사이에서 과업을 나누어 처리하는 경우다. DVD 리모콘은 TV 디스플레이와 같이 사용해야만 하므로 각각 어떤 일을 해야하는지 쉽게 알 수 있다.

기기들을 어떻게 같이 사용해야 하는지 확실하지 않을 때는 이전 작업이 좀더 어려워진다.

런키퍼 모바일 앱과 웹사이트가 어떻게 사용될지 확실히 알기는 어렵다. 어떤 사람들은 휴대폰 없이 웹사이트만 이용할 수도 있다. 어떤 사람들은 휴대폰으로만 쓰려고 할 수도 있다. 어떤 사람들은 양쪽 모두 조금씩 쓸 수도 있다.

그러한 불확실성이 스며들 때 양쪽 플랫폼에 중복된 기능을 넣고 있는 자신을 발견하게 될 것이다. 런키퍼 역시 마찬가지로, 웹사이트와 모바일 간에 아주 적은 기능만이 이전되어 있다.

과업을 효과적으로 이전하기 위해서는 확신이 필요하다. 어떤 과업을 사용자 쪽으로 이전할 생각이라면, 사용자가 그 과업을 맡아 해낼 것이라고 믿어야만 한다.

사용자를 신뢰한다는 것은 어려운 일이다. 기획자는 사용자 테스트에서의 실패를 지켜보는 데 익숙하다. 프로그래머는 오류에 대비할 수 있도록 시스템이 잘못될 수 있는 모든 가능성을 고려하는 데 익숙하다. 프로젝트 관리자는 사용자의 모든 힘든 일을 떠맡아 처리하는 인터랙티브한 도구를 제공하고 싶어한다. 그리고 기획하는 쪽에 편리한 방식으로 사용자가 행동하게 만드는 것이 암암리에 소프트웨어의 목표가 되는 경우도 있다.

다른 말로 하면, 우리는 종종 사용자를 어린애 취급한다. 오류 발생을 막고 다른 방법으로 사용하지 못하게 하기 위해 우리는 사용자 스스로 결정을 내릴 기회를 앗아가기도 한다. 사용자가 가끔 컴퓨터에게 분노하거나 반감을 갖는 것도 이상할 게 없다.

그러한 신뢰를 만들어내는 유일한 방법은 프로토타입과 목업^{mock-up}으로 사용자 테스트를 하는 것이다. 사용자는 선택과 지시를 하게 하고 컴퓨터는 기억과 계산에 집중하게 하는 식으로 과업의 균형을 적절히 맞춘다면, 그 위에 사용자가 불어넣는 창의력이 더해져 단순하고도 놀라운 경험이 창조될 것이다.

컴퓨터가 사용자의 행동을
제어하거나 지시할 경우
사용자는 불편하다고 느낄 수 있다.
단순한 경험은 신뢰를 필요로 한다

8장

실전에 앞서

복잡성의 보존

무언가를 단순하게 만든다는 것이 어쩌면 두더지 잡기 게임 같다는 생각이 들 때가 있다. 복잡성이라는 두더지를 하나 때려잡고 나면 다른 곳에서 또 하나가 튀어나온다.

'4장. 제거'에서 나왔던 온라인 뱅킹 사례를 보자. 원래는 사용자가 연도와 월을 선택한 후 내역서를 요청하게 되어 있었다. 이 방식은 프로그래밍하기는 간단하지만 사용하기는 어렵게 느껴지는데, 이는 오류의 위험이 높다는 점에서 어느 정도는 기인한다.

변경된 버전에서 사용자는 선택할 수 있는 내역서 목록 중에서만 선택을 했다. 단순하게 느껴질 뿐 아니라 오류 발생의 가능성도 막는 방식이지만, 프로그램하기 더 어려울 뿐만 아니라 보여줄 수 있는 내역서를 먼저 확인해야 하기 때문에 은행 서버에 주는 부담도 컸다.

매킨토시 개발팀에 몸담고 있었을 당시 래리 테슬러Larry Tesler는 복잡성 보존의 법칙을 다음과 같이 요약했다.

> 모든 애플리케이션에는 감소시킬 수 없는 양의 복잡성이 내재되어 있다. 문제는 단 하나, 누가 그것을 처리해야 할까 하는 것이다.

단순한 사용자 경험을 디자인한다는 것은 "이것을 어떻게 단순하게 만들까?"가 아니라 "복잡함을 어디로 옮겨야 할까?"에 관한 문제일 수도 있다.

- 어떤 과업을 (플립의 자동초점 기능처럼) 자동화해야 하나, 아니면 (아이폰 카메라에서 화면을 탭해 초점을 잡는 것처럼) 사용자가 제어하게 해야 하나?
- 인터페이스에 (하이파이 오디오처럼) 특정한 제어 기능이 많아야 하나, 아니면 (아이팟처럼) 몇 가지의 일반적인 기능만 있으면 되나?
- 어떤 과업이 (페이스북에 가입하는 것처럼) 한 번에 완료되어야 하나, 아니면 (텀블러 블로그를 커스터마이징하는 것처럼) 몇 번에 걸쳐서 이루어져야 하나?
- 어떤 과업이 (검색 결과 화면에서 필터링 기능을 사용하는 것처럼) 의식적으로 처리되어야 하나, 아니면 (런던 지하철 노선도의 초록색 노선에만 주의를 집중할 때처럼) 뇌의 무의식적인 부분에서 처리되어야 하나?

단순한 사용자 경험을 만들어내는 비결은 복잡성을 적절한 곳으로 옮겨서 매순간이 단순하게 느껴지게 하는 것이다.

때려 잡아라! 그래도 복잡함은 계속 튀어나온다

세부 사항

마지막으로 빠리에 갔을 때 지하철로 돌아다니기 위해 휴대폰에 앱을 담아 갔었다. 출발점과 도착점을 입력하면 최적의 경로를 찾아 몇호선을 타야 하는지, 어디서 갈아타야 하는지, 시간은 얼마나 걸릴지 알려주는 앱이었다. 지하철을 타러 내려가기 전까지는 완벽해보였지만, 이내 한 가지 정보가 빠져있다는 사실을 깨달았다.

이 앱은 어느 방향의 열차를 타야 하는지를 알려주지 않았던 것이다. 빠리 지하철은 종착역 이름으로 노선의 방향을 표시한다. 결국 혼잡한 터널 안에 서서 지나가는 사람들에게 이리저리 떠밀리며 조그만 화면으로 지하철 노선도를 스크롤해 내가 처음 타야 할 열차의 종착역이 어디인지를 찾아야만 했다. 단순함은 종종 세부사항에 좌우된다.

세부사항을 빠뜨리게 되면 사용 경험에 엄청난 악영향을 초래하거나 반복적이고 누적되는 짜증을 유발할 수 있다. 아주 작은 세부 사항을 개선할 때면 '꼭 이걸 해야 하나? 고객이 몇초를 절약하게 해주려고 반나절이나 걸려 이 드롭다운 메뉴들을 고치는 게 정말 가치있는 일일까?' 하는 의문이 종종 고개를 들곤 한다.

하지만 대량 판매되는 소프트웨어에서는 이것이 단지 고객 몇몇에 관한 문제로 그치지 않는다. 수천, 혹은 수백만의 고객이 반복적으로 소프트웨어를 사용한다. 고객의 시간 몇 초는 어림잡아도 몇 년이 된다. 아주 작은 불편이 잦은 짜증을 낳는다. 반나절을 투자해 해결책을 찾아내는 일쯤은 다수의 짜증난 고객을 만들어내는 문제에 비하면 사소한 것이다.

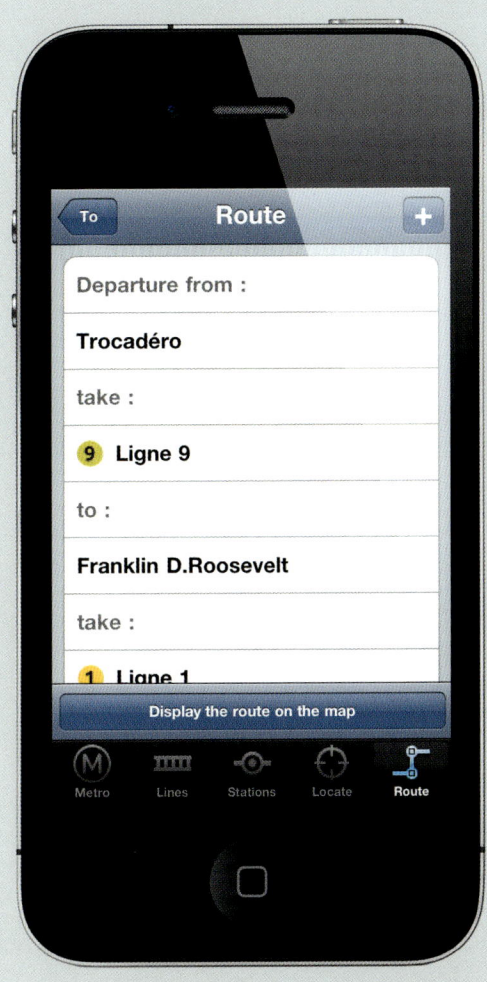

9호선을 타라고?
어느 방향으로?

단순함은 사용자의 머릿속에서 일어난다

기계에 지나친 부담을 주면 압력 때문에 삐걱거리고 속도가 느려진다. 사람도 마찬가지다. 기억해야 할 것이 너무 많으면 잊어버리고, 돌봐야 할 과업이 너무 많으면 그 중 하나를 빠뜨리게 되며, 결정해야 할 것이 너무 많으면 꼼짝 못하고 얼어버린다.

소프트웨어를 '사용하기 편하게^{usable}' 만든다는 것은 사용자의 능력을 넘어서지 않는 것이다. 하지만 사용자는 언제나 더 많은 세부 정보와 더 많은 선택, 더 많은 기능을 원한다. 이는 인간의 본성이다. 그래서 모두들 그 능력의 최대치 내에서, 사용자에게 과부하가 걸리기 직전까지 사용하기 편리한 경험을 디자인한다.

단순한 사용자 경험은 이렇지 않다. 사용자에게 많은 여지를 남긴다. 그 모든 '사용되지 않은' 능력에는 과연 어떤 일이 일어날까?

한번은 어떤 여행사에서 온라인과 브로슈어를 통해 휴가 계획을 세울 때의 고객 경험에 어떤 차이가 있는지 조사해달라는 부탁을 우리 회사에 했었다. 우리는 고객들이 웹사이트를 헤집고 다니며 상세 정보와 옵션을 살피는 것을 관찰하다가 그들이 얼마나 긴장하고 짜증나 있는지를 알고 놀랐다.

브로슈어는 훨씬 단순했다. 커다란 리조트 사진 몇 개와 중요한 사항들을 강조하는 몇 개의 아이콘, 그리고 가격표가 전부였다. 브로슈어를 살펴볼 때 고객들은 휴가가 어떨지를 상상하며 안락함을 느꼈다. 그들은 그 일을 즐기고 있었던 것이다.

단순한 경험은 사용자에게 충분한 수용력을 남겨두어 지금 그들이 하고 있는 일이 자신의 삶에 어떻게 녹아들어갈지 생각할 수 있게 한다.

플립 같은 단순한 카메라는 사용자로 하여금 그 순간을 잡아내는 데 집중하게 해주고, 단순한 DVD 리모콘은 사용자가 영화에 집중할 수 있게 해준다.

자신의 디자인으로 사용자의 마음을 가득 채우려고 하지 말라. 단순함을 지향하는 디자인은 사용자가 자신의 삶으로 세부를 채워나갈 수 있도록, 그리고 좀더 풍부하고 의미있는 경험을 만들어갈 수 있도록 충분한 여지를 남긴다.

사진 출처

1장 우리는 왜 여기에 있나?
Page 15, Photo courtesy iStockphoto, © Patrick Herrera, Image 10735105
Page 17, Photo courtesy iStockphoto, © Robert Kirk, Image 8431387
Page 19, Photo courtesy iStockphoto, © Skip O'Donnell, Image 4361374
Page 21, Photo courtesy iStockphoto, © Arpad Nagy-Bagoly, Image 8480195
Page 23, Photo: Streetfly JZ (orange chair)
Page 25, Photo courtesy iStockphoto, © Nuno Silva, Image 1147364

2장 비전 수립
Page 31, Photo courtesy iStockphoto, © Nicolas Loran, Image 11122181
Page 33, Photo courtesy iStockphoto, © Bart Coenders, Image 6228113
Page 35, Photo courtesy iStockphoto, © Scott Hortop, Image 9697386
Page 39, Photo thanks to Johan Visschedijk, 1000aircraftphotos.com
Page 41, Photo: Iain J. Watson
Page 47, Photo courtesy iStockphoto, © Matthew Porter, Image 3391573
Page 49, Photo courtesy iStockphoto, © Michael Lok, Image 527184
Page 51, Photo courtesy iStockphoto, © Ola Dusegård, Image 11068369
Page 53, Photo courtesy iStockphoto, © Narvikk, Image 5521746
Page 55, Photo courtesy iStockphoto, © Quavondo, Image 8223968
Page 57, Photo courtesy iStockphoto, © Andrew Johnson, Image 7315616
Page 59, Photo courtesy iStockphoto, © Muhammet Göktas, Image 7038165
Page 61, Photo courtesy iStockphoto, © Joshua Hodge Photography, Image 12818260
Page 63, Photo courtesy Ben Stanfield
Page 65, Photo courtesy iStockphoto, © Santa Maria Studio, Image 11326374

4장 제거
Page 79, Photo courtesy iStockphoto, © Grigory Bibikov, Image 10362465
Page 81, Photo Copyright Virgin Media
Page 83, Photo courtesy iStockphoto, © Jami Garrison, Image 2252631
Page 85, Photo courtesy iStockphoto, © MBPHOTO, INC., Image 918432
Page 91, Photo courtesy iStockphoto, © Mark Wragg, Image 13558859
Page 93, Photo courtesy iStockphoto, © tolgakolcak, Image 7265127
Page 95, Photo courtesy iStockphoto, © Peter Garbet, Image 5742149
Page 99, Photo courtesy iStockphoto, © Conrad Lottenbach, Image 3131848
Page 113, Photo courtesy iStockphoto, © mphotoi, Image 3431237
Page 115, Photo thanks to DDB UK; Illustrator: Pete Mould
Page 117, Photo: Ray Yuen

Page 121, Photo courtesy iStockphoto, © malerapaso, Image 12566021 (picture frame)
Page 121, Photo courtesy iStockphoto, © wsfurlan, Image 8528913 (mobile phone)

5장 조직화

Page 127, Photo courtesy iStockphoto, © PLAINVIEW, Image 13334346
Page 135, Photo courtesy iStockphoto, © Luis Santana, Image 2329511
Page 137, Photo courtesy iStockphoto, © Thomas Arbour, Image 12878280
Page 141, Photo courtesy iStockphoto, © Anna Yu, Image 8162485 (basket ball)
Page 141, Photo courtesy iStockphoto, © Matteo Rinaldi, Image 12117545 (golf ball)
Page 141, Photo courtesy iStockphoto, © Tomasz Pietryszek, Image 12133382 (tennis ball)
Page 141, Photo courtesy iStockphoto, © Chris Scredon, Image 7337356 (soccer ball)
Page 143, Photo: Copyright Transport for London
Page 145, Photo: Copyright Adam Wilson
Page 147, Photo thanks to Andrew Skudder

6장 숨기기

Page 161, Photo courtesy iStockphoto, © James Pauls, Image 3098674
Page 167, Photo courtesy iStockphoto, © Steve Harmon, Image 1035401
Page 169, Photo courtesy iStockphoto, © Alina555, Image 4716967

7장 이전

Page 177, Photo courtesy iStockphoto, © Matt Jeacock, Image 9316437
Page 181, Photo courtesy iStockphoto, © Neustockimages, Image 7418248
Page 183, Photo courtesy Honda PR
Page 185, Photo courtesy iStockphoto, © Matt Jeacock, Image 13726223
Page 189, Photo courtesy iStockphoto, © René Mansi, Image 184532

8장 실전에 앞서

Page 193, Photo © Ricky Leong
Page 197, Photo courtesy iStockphoto, © Matt Jeacock, Image 12394740

찾아보기

숫자 / 기호

'7 플러스 마이너스 2' 법칙 • 126
37시그널즈 • 76
    베이스캠프 • 76
    타다 리스트 • 186

D

DDB의 폭스바겐 광고 • 114-115
DVD 리모콘 • 68, 72-73, 76-77, 94, 120, 124-125, 126-127, 150-151, 172-173

R

RIM • 76

S

SLR 디지털 카메라 • 36
SUV의 법칙 • 18

T

TUI 스키 • 82

ㄱ

가디언 잡지 • 138
가짜 단순함 • 24-25
감성적 니즈 • 44
개성 • 22
검색과 브라우징 • 134
과업 • 22
구글 • 20, 22, 134
    구글과 빙 검색 • 22
    아이구글 • 154
    안전 검색 • 158
그리드 • 138-139
글을 잘 쓴다는 것 • 52

ㄴ

노출
    단계적 노출 Staged disclosure • 160
    점진적 노출 Progressive disclosure • 158
노키아 • 76
뉴욕타임스 • 162-163, 166

ㄷ

단계적 노출 Staged disclosure • 160
대표 고객 • 38
데이빗 슬레스 David Sless • 120
데이빗 자비스 David Jarvis • 82
데이빗 포그 David Pogue • 18
두더지 잡기 게임 • 192-193
드보라 톰슨 Debora Viana Thompson • 90

ㄹ

래리 테슬러 Larry Tesler • 192
런던 지하철 노선도 • 142-144, 192
런키퍼 앱 • 174-175, 188
레베카 해밀튼 Rebecca W. Hamilton • 90
레이어
    지각적 레이어 • 142
렉서스 웹사이트 • 102
로터스 일리즈 • 76
롤런드 러스트 Roland T. Rust • 90

루크 로블르스키 Luke Wroblewski • 62
리차드 래넘 Richard Lanham • 114
리차드 캐딕 Richard Caddick • 96

ㅁ

마리아나 캐벌캔티 Mariana Cavalcanti • 118
마법사 방식 • 24
마이크로소프트 • 36
   쉐어포인트 • 76
   엑셀 • 36
   오피스 2000 • 156
   워드 • 154
마이클 존슨 Michael Johnson • 54
마크 레퍼 Mark R. Lepper • 98
매리어트 • 118-119
매몰 비용의 오류 • 82
매킨토시 • 166, 192
맥루머즈 • 38
모델 T • 40
목업 mock-up • 92
무빙 픽쳐 그룹 • 54

ㅂ

베스트 바이 • 106
베이스캠프 (37 시그널즈) • 76
복잡성 • 164
   복잡성과 단순함 • 14
   복잡성과 지속가능성 • 18
   복잡성과 효율성 • 24
   복잡성 보존의 법칙 • 192
블랙베리 • 76
블로거 • 76
비공식 도로 desire path • 146
비전의 공유 • 64
빠리 지하철 노선 • 194-195

ㅅ

사용성 • 40, 90, 196
   사용성 vs. 단순함 • 56
사용자
   자발적 수용자 • 36, 40
   전문가 사용자 • 36
   주류 사용자 • 36
"사용자가 ……하려고 하면?" 테스트 • 84
사용자의 관심 영역 • 166
사전 기능 • 162
사파리 브라우저 • 100
산문 교정 • 114
소니 • 16
숨기기 • 150
쉐어포인트 • 76
쉐이커 vs. 팬톤 의자 • 22
쉬나 아이엔거 Sheena S. Iyengar • 98
스키치 앱 • 166
스탠디쉬 그룹 Standish Group • 76
스티브 잡스 Steve Jobs • 58, 62-63
스티브 크럭 Steve Krug • 112
스티븐 레비 Steven Levy • 62
슬래쉬닷 • 38
시각적 산만함 • 110
씽즈 앱 • 44-46

ㅇ

아마존 • 106, 182
아이구글 • 154
아이튠즈 • 134
아이팟 • 38, 192
아이폰 • 58, 76, 174, 192
애플 • 38, 116-117, 164
   매킨토시 • 166, 192
   사파리 브라우저 • 100
   아이튠즈 • 134
   아이팟 • 38, 192
   아이폰 • 58, 76, 174, 192
   데이터 검출기 • 187
   하이퍼카드 스택 디자인 가이드라인 • 140
앨런 콜빌 Alan Colville • 64, 80
야후 • 62
어댑티브 패스 • 26
어핑 쥬 Erping Zhu • 100

에드워드 터프티 Edward Tufte • 110
에리얼 브라운쉬타인 Ariel Braunstein • 16
엘리얼 사리넨 Eliel Saarinen • 54
여행 계획 짜기 서비스 • 178–181
오피스 2000 • 156–157
와이어드 잡지 • 138
워드 • 154
워드프레스 • 76
위대한 발명: 모든 것을 바꾼 매킨토시의 생애와 시대 • 62
위르겐 쉬바이처 Jürgen Schweizer • 62, 86
 씽즈 Things 앱 • 44
위원회식 디자인 • 84
위치 잡지 • 80
윌리엄 진저 William Zinsser • 52
유튜브 • 16
이전 • 172
인간 중심 인터페이스 • 166
일러스트레이터(어도비) • 164–165

ㅈ

자발적 수용자 • 36, 40
잭 모펫 Jack Moffett • 82
전문가 사용자 • 36, 38–39, 42, 158–159
절대불변의 웹 유저빌러티 원칙 : 상식이 통하는 웹사이트가 성공한다 • 112
점진적 노출 Progressive disclosure • 158
정밀 조작 기능 • 158
제거 • 72
제어드 스풀 Jared Spool • 134
제어의 욕구 • 46
제프 래스킨 Jef Raskin(• 166
조너선 캐플란 Jonathan Kaplan • 16
조직화 • 124
주류 사용자 • 20, 36, 40–41, 42, 94, 105, 158–159
지각적 레이어 • 142
지속가능성 • 18

ㅋ

컬러 코딩 • 144
컬쳐 코드 • 62
코믹 라이프 앱 • 166
코오퍼레이티브 뱅크 • 96–97
키이스 랭 Keith Lang • 166

ㅌ

타다 리스트 (37 시그널즈) • 186
텀블러 블로그 • 76, 192
텔레웨스트 • 64, 80–81
트위터 • 16
특징 • 22

ㅍ

파나소닉 • 16
패리스 힐튼 Paris Hilton • 50, 52
퍼스널 비디오 레코더(PVR) • 80–81
페이스북 • 48, 154, 192
포드 자동차 • 40
 모델 T • 40
폭스바겐 광고 • 114–115
폭스바겐 비틀 • 16
폴 자끄 그릴로 Paul Jacques Grillo • 22
푸조 웹사이트 • 130
프랜 대틸로 Fran Dattilo • 118
플립 • 48, 50, 52, 54, 124, 192, 196
피터 머홀츠 Peter Merholz • 26
픽사 • 54

ㅎ

헨리 포드 Henry Ford • 40
형태, 기능, 디자인 • 22
환경설정 기능 • 152

에이콘 UX 프로페셔널 시리즈

series editor 양주일

1

더 나은 사용자 경험(UX)을 위한 **인터랙션 디자인** (절판)

댄 새퍼 지음 | 이수인 옮김
9788960770690 | 288페이지 | 2008-12-29 | 28,000원

사용자의 입장을 대변하고 사용자가 얻을 최종 경험(UX)을 설계하는 '인터랙션 디자인'에 대한 해법을 재미있고 쉽게 풀어낸 입문서로서 훌륭한 제품과 매력적인 서비스를 만드는 모든 기획자, 개발자, 디자이너들이 꼭 읽어야 할 필독서다.

2

31가지 사용자 경험 시나리오로 배우는 **실전 UX 디자인**

로버트 후크만 주니어 지음 | 고태호 옮김
9788960770768 | 264페이지 | 2009-03-13 | 28,000원

사용자 경험의 결정적 순간을 포착하라. 사용자와의 첫만남부터 헤어짐까지 일거수 일투족을 파악해 머리부터 발끝까지 사용자를 매료시키는 사이트를 디자인하는 방법을 알려준다. 실무에서 200% 활용 가능한 생동감 넘치는 웹사이트 기획과 인터랙션 디자인 사례가 실린 웹 기획자, 디자이너, 개발자의 필독서다.

3

비주얼 플렉스 UX 디자인

디자이너와 개발자가 함께 만드는
크리에이티브한 플렉스 & 에어 애플리케이션

후안 산체즈, 앤디 매킨토시 지음 | 이준하 옮김
9788960770980 | 436페이지 | 2009-09-18 | 30,000원

깜짝 놀랄 만큼 멋진 플렉스, 에어 애플리케이션을 만드는 비법서! 워크플로가 끊이지 않도록 플렉스나 에어 개발 단계로 디자인 작업을 넘겨주는 방법, 누구나 만족할 플렉스 애플리케이션의 가치를 높이는 최신 기법을 배울 수 있다.

4

심리를 꿰뚫는 UX 디자인

재미있는 UX 심리학의 원리와 클릭을 이끌어내는
성공 웹사이트의 비결

수잔 웨인쉔크 지음 | 심규대 옮김
9788960771352 | 152페이지 | 2010-05-31 | 15,000원

인간의 뇌와 심리에 대한 깊은 이해를 통해 뇌의 구조와 기능, 의사결정 과정, 심리적 특성과 설득의 원리를 다양한 연구 결과와 함께 알기 쉽게 설명하고, 뇌과학과 심리학의 원리를 웹사이트 디자인에 적용해 사용자의 클릭을 이끌어내는 생생한 노하우를 상세하게 소개한다.

5

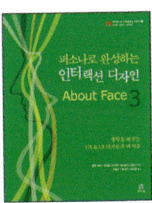

퍼소나로 완성하는 인터랙션 디자인 About Face 3

생각을 바꾸는 UX & UI 디자인의 바이블

앨런 쿠퍼, 로버트 라이만, 데이비드 크로닌 지음 | 고태호, 유지선, 김나영 옮김
9788960771642 | 832페이지 | 2010-11-22 | 35,000원

UX 전문가라면 꼭 읽어야 할 교과서. 퍼소나(persona) 방법론을 처음으로 체계적으로 정리한 앨런 쿠퍼가 목표 지향 디자인 방법론과 퍼소나 시나리오를 바탕으로 훌륭한 디지털 제품/서비스를 정의하고 디자인하는 방법을 알려준다.

인지과학 혁명
인지과학의 연구와 방법, 어디서 시작하고
무엇을 어떻게 할 것인가

사에키 유타카 지음 | 김남주, 김경화 옮김 | 이정모 감수
9788960771666 | 332페이지 | 2010-11-29 | 25,000원

수십 년간 탐구해온 인지과학의 메타이론적 연구과정을 제시하는 일본 인지과학 분야 베스트셀러! 인간을 합리적 존재로 여기며 '정보처리적 접근'을 통해 인간의 환경과 사회와의 상호교류를 중시하는 '생태적 접근'을 다루고, 도구와 환경과의 상호작용에 초점을 맞춰 인터페이스론으로 전개시킨다.

The Design of Sites 한국어판
고객 중심 웹 기획을 위한 웹사이트 디자인 패턴 107 바이블

더글러스 밴 듀인, 제임스 랜데이, 제이슨 홍 지음 | 정유한, yuna, 고태호 옮김
9788960772083 | 1,000페이지 | 2011-06-24 | 45,000원

사용자 경험을 중시하는 고객 중심 웹을 설계, 기획하고 디자인하는 데 바이블이 될 107가지 웹사이트 패턴을 망라한 완벽 가이드. 웹 기획자, 디자이너 등 웹 종사자가 반드시 알아야 할 웹사이트 패턴을 정리하고, 잘 만든 웹사이트 설계에서 볼 수 있는 개념, 패턴, 방법 그리고 실제 적용 사례를 집대성한 책이다.

Designing the iPhone User Experience 한국어판
스케치부터 프로토타이핑까지 아이폰 앱 UX 디자인

수잔 긴스버그 지음 | 심규대 옮김
9788960772144 | 316페이지 | 2011-07-28 | 30,000원

앱 제작자가 코딩을 시작하기에 앞서 반드시 이해해야 할 아이폰 앱 UX 디자인의 기본 원칙과 실전 노하우를 담았다. 앱의 홍수 속에서 사용자를 사로잡는 차별화된 UX를 만드는 데 기초가 되는 사용자 중심 디자인 프로세스를 아이폰에 맞춰 단계별로 알기 쉽게 설명하며, 13개의 성공 앱 사례연구를 곁들여 다양한 디자인 접근법을 살펴보는 기회를 제공한다.

스토리텔링으로 풀어보는 UX 디자인
인간을 생각하는 공간, 제품, 서비스의
5단계 사용자 중심 디자인 프로세스

배성환, 김동환, 이지현 지음
9788960772434 | 244페이지 | 2011-11-07 | 25,000원

사용자 경험이 갖는 의미는 무엇이며 어떤 영역에서 고려돼야 하는지 정리하고, 사용자 중심 디자인 프로세스를 단계별로 소개하며, 사용자 경험을 만드는 과정에 대해 다룬다. 공간 구성, 제품 디자인, 의료 서비스, 사회 정책에 이르기까지 다양한 사례를 통해 진화하는 사용자 경험의 트렌드를 놓치지 않도록 도움을 줄 것이다.

10

혁신적인 사용자 경험을 위한
Interaction Design 인터랙션 디자인 (개정판)

댄 새퍼 지음 | 이수인 옮김
9788960772847 | 288페이지 | 2012-03-19 | 30,000원

사용자의 입장을 대변하고 사용자가 얻게 될 최종 경험(UX)을 설계하는 '인터랙션 디자인'에 대한 해법을 재미있고 쉽게 풀어낸 입문서로, 훌륭한 제품과 매력적인 서비스를 만드는 모든 기획자, 개발자, 디자이너들이 읽어야 하는 인터랙션 디자인의 필독서. 개정판에서는 실무에서 활용 가능한 프로세스를 소개하고, 디자인 전략과 서비스 디자인에 대한 내용을 대폭 보강했다.

11

Simple and Usable 단순한 디자인이 성공한다
탁월한 서비스와 제품을 만드는 85가지 단순함의 법칙

자일스 콜본 지음 | yuna 옮김
9788960773257 | 208페이지 | 2012-07-20 | 22,000원

단순한 서비스와 제품을 만드는 가이드라인을 '제거, 조직화, 숨기기, 이전'의 4가지로 분류하고, 주위에서 찾아볼 수 있는 85가지 단순함의 법칙을 보여준다. 사용자의 니즈에 집중해 핵심을 파악하고 비전을 수립하는 거시적인 이야기부터 화면의 시각적 요소와 컨텐츠를 단순화하는 방법과 같은 디테일에 이르기까지, 다양한 실제 사례와 경험에 기반한 통찰이 담겨있다.

12

인간 중심 UX 디자인
미래를 만드는 인터랙션 디자인 프로세스

킴 굿윈 지음 | 송유미 옮김
9788960774131 | 776페이지 | 2013-03-27 | 50,000원

인터랙션 디자인은 1990년대 들어 학문으로 인정받은 신생 분야다. 킴 굿윈은 인터랙션 디자인이 무엇이고, 인터랙션 디자이너는 어떤 방법론을 통해 어떤 해결책을 내놓아야 하는지를 리서치 계획에서 제품 출시까지 다양한 실제 사례들을 들어 자세하게 소개한다. 이 책에서 소개하는 목적 지향적 그리고 인간 중심 디자인 프로세스는 디자이너들이 적시에 철저하게 양질의 결과물을 내는 데 큰 도움이 될 것이다.

13

애플처럼 디자인하라
제품, 서비스, 경험 혁신을 이룬 애플의 7가지 디자인 원칙

존 에드슨 지음 | 홍기주, 임승완, 김나희 옮김
9788960774322 | 216페이지 | 2013-05-31 | 30,000원

어떻게 디자인해야 소비자에게 사랑받는 훌륭한 제품을 만들 수 있을까? 이 책에서는 디자인을 최우선으로 생각하는 애플의 뛰어난 접근이 주는 교훈을 다뤘다. 전체적인 맥락을 이해하여 설득력 있고 유용하게 제품을 디자인하고, 조직 내 모든 단계에서 디자인에 대한 안목, 재능, 문화를 양성하는 길잡이를 얻을 수 있다. 또한 앞으로 창의성과 상업성을 접목해 진짜 '애플처럼 디자인하는' 방법이 무엇인지 알게 될 것이다.

 에이콘출판의 기틀을 마련하신 故 정완재 선생님 (1935-2004)

Simple and Usable 단순한 디자인이 성공한다
탁월한 서비스와 제품을 만드는 85가지 단순함의 법칙

초판 인쇄 | 2012년 7월 13일
2쇄 발행 | 2013년 7월 15일

지은이 | 자일스 콜본
옮긴이 | yuna

펴낸이 | 권 성 준
엮은이 | 김 희 정
　　　　윤 영 삼
표지 디자인 | 한국어판_황 지 영
본문 디자인 | yuna

인　쇄 | (주)갑우문화사
용　지 | 진영지업(주)

에이콘출판주식회사
경기도 의왕시 내손동 757-3 (437-836)
전화 02-2653-7600, 팩스 02-2653-0433
www.acornpub.co.kr / editor@acornpub.co.kr

한국어판 ⓒ 에이콘출판주식회사, 2012
ISBN 978-89-6077-325-7
ISBN 978-89-6077-099-7 (세트)
http://www.acornpub.co.kr/book/simple-and-usable

이 도서의 국립중앙도서관 출판시도서목록(CIP)은 e-CIP 홈페이지(http://www.nl.go.kr/cip.php)에서 이용하실 수 있습니다. (CIP제어번호: 2012003197)

책값은 뒤표지에 있습니다.